WAC BUNKO

日本人はなぜ「小さないのち」に感動するのか

WAC

まえがき

日本で定住生活を送るようになって三十年になります。今では身も心もすっかり日本的になったと思うことしきりですが、来日二年目からほぼ三年間、二十代終わり頃のこと、人生最大の難関にぶつかりました。それは、日本文化という大きな壁でした。そこにぶつかって悩みに悩みました。

日本と韓国は文化にしても国民性にしても、一見よく似ていながらその実、まるで正反対の性格をもっています。そのために、相手を見知った当初はなんとなく親近感にとらわれてしまい、その感覚のなかであまりにも異なる言動に接することになります。そこで、いっそうのこと相手を受け入れがたく感じることになってしまうのです。日本に二、三年滞在して帰国した韓国人の多くが、日本についていい印象を語ることが少ないのもそのためです。私自身もちょうどその時期に日本がすっかり嫌いになってしまったのです。

そこで韓国へ帰ってしまっていれば、私にとっての日本は「どうにも肌が合わない」という印象のままで終わったかもしれません。しかし私は、なんとしても日本で仕事をし、勉強をし、生きていきたかったのです。そのためには、なんとしても日本文化と親しんでいくしかありませんでした。

親しんでいくしかなかった、というとおかしく聞こえるかも知れません。ただ私は、なににつけても「あけすけ、率直、ストレート」に人間関係を求めていく、しかも反日世代の韓国人の典型でした。そういう私が、はじめは距離をとりながらだんだん距離をつめていき、しだいに仲良くなっていこうとする、いわば自然な流れを重視する日本人の環境のなかで生きていかなくてはなりません。そのような日本人とそうした日本人の習慣や価値観を生みだしている日本文化を理解し、自分をなんとかそこへ向かわせていかなくてはなりません。そういう意味で私は、親しんでいくしかない、という思いをひとつの決心としてもったのです。

私の日本文化への接近はそうやってはじまりました。私は韓国にいるときからいけばなが好きで、職場などでよく生けていました。しかし韓国には、日本のような様式美を追求した古典いけばなの伝統はありません。色とりどりの花をおしみなく使い、明るく活気ある室内を生み出す装飾として、生けるというよりは盛るようにして自由に形をつくり色合いを整えるのです。

私は一年ほどですが、古典いけばなを習いました。最初の頃は、様式を重んじる日本の古典いけばなの作品には、作り手の主体性が感じられないことが不満でした。しかし後に気付いたのは、そこでは主客が分離していないのだ、ということです。自由花のように、主体としての自己の側から自然を客体として見つめるような視線はそこにはありません。そこにあるのは、自然の側からやってくる眼差しに感応していく個々の人間の研ぎ澄まされた感受性なのです。そこに、人間（主）と自然（客）が分離することのない、日本独特の世界があるのだと感じられました。

こうした体験を通して私は、そもそも日本文化というものは、さらには日本技術というものは、自然に対する感受性のいっそうの高度化として、しだいに形づくられていったのではないかと思うようになりました。この細やかな感受性こそ「小さないのち」に触れての感動をもたらしているものに他ならないでしょう。

私は日本へやって来て生活するようになった自分を、なんと幸運なのかと感じています。なぜならば、今や人間と自然を分離した近代以降の考え方が限界にぶつかっていて、両者の融合へ向かおうとする新しい世界が、多くの人々に熱望されていると思うからです。

本書は、そうした日本人に特有な、そして未来的な可能性を秘めた「自然に対する感受性」が見せる様々な姿をスケッチしたもの、と言えばよいかと思います。これまでに書いたり話したりしてきたことを元に、新たな観点を加えて語り下ろしました。日本文化の特質を見ていくうえで、いくらかでもお役に立てれば幸いです。

平成二十六年二月

呉　善花

日本人はなぜ「小さないのち」に感動するのか◆目次

第3章　自然と人間を区別しない感受性

第6章　聖なる母性への信仰が息づく日本

装丁／神長文夫＋柏田幸子

第1章
韓国人から見た日本人の不思議

日本社会は何社会と言えばいいのか

韓国人と中国人の価値観や社会感覚はよく似ています。ですから互いにわかりやすいところが多いのですが、相手が日本人となるとわかりにくいところがたくさんあるのです。かつての私もそうでした。日中韓の人は顔はそっくりですし、文化的にも古くから交流があったので似ているところが多々あります。それで言葉が通じるようになりますと、知らずのうちにまるで同国人であるかのような感覚になっていて、一種の錯覚に陥りやすいのです。

あるレストランに食事に行ったときのことです。学生アルバイトだという、とても韓国語の上手な店員がサービスしてくれました。この人は一年間韓国に留学し下宿住まいをしていたそうです。とても韓国語が上手なので、話しているうちについ相手を韓国人のように感じて話している自分に気付いて、いまさらのように驚きました。

その逆に、日本語の上手な韓国人や中国人と話していますと、「もうほとんど日本人ではないか」という印象になります。そして話しているうちに、いつしか相手が外国人であることを忘れていて、文化の違いを念頭に置かずに話している自分に気がつく。そういう体験をしたことがある人は少なくないでしょう。

韓国人にしろ中国人にしろ、最初のうちはだいたいがこうした錯覚、つまり無意識のうちに持ってしまういわば「身内感覚」で、日本人や日本の社会を見てしまうものです。そこから、日本および日本人に対する、たくさんの誤解や行き違いが出てくることにもなるのです。

外国人にとって日本がわかりにくいことのひとつには、日本社会の軸となっている考え方、価値観が容易につかめないということがあります。欧米諸国ならばキリスト教社会、中東諸国ならばイスラム教社会だというように括《くく》ることができます。それからしますと、日本社会は何社会と言えばよいのでしょうか。

韓国、中国は、社会生活の面では儒教社会だといって間違いありません。伝統的な儒教社会の考え方や価値観は、今でも大きな変わりはありません。それに対して日本社会の軸になっているのは、明らかに儒教ではありません。それでは「武士道精神」でしょうか。それとも「仏教」でしょうか。そう言えるところもあるかもしれません。しかしそう言い切るわけにもいかないのではないでしょうか。

おそらくは、日本人自身うまく言えないと思います。「神道、仏教、武士道、八百万の神様」と言えばいいのかもしれませんが、そうなってくると、外国人にはさらにわかりにくくなってしまいます。たくさんの軸があるとすれば、そのこと事態が理解できなくなります。それが韓国人や中国人からしてみると不安でならないのです。

自然の神々に手を合わせるのはなぜ?

多数の神々を尊重して受け入れている文化と言えば、一般的には未開の国ということになります。ところが日本は世界でも先端的な近代国家です。韓国人に言わせると「これだけわけのわからない神々を信じている国が、これだけ近代化されている」ということが不思議でならないのです。そこで、「どうにも信用ならないおかしな国だ」というように考える者が少なくありません。

韓国人にとっては、人間の先祖以外のものを拝むのは未開人です。日本人は自然の神さま、つまり海の神、木の神、山の神、草の神さまなどに手を合わせて拝みます。そういう八百万《やおよろず》の神さまがいるというのなら、それは未開の自然信仰ではないか、ということなのです。

韓国の反日教育の中では、日本人は文化的に未開で野蛮な人たちだといった教え方がされます。まず未開ということで言いますと、そこには「自然の神々を信じる、八百万の神々に手を合わせるというのは、非文明的な人間の考え方だ」という儒教的な価値観があるのです。朝鮮半島では、自然信仰的な宗教性は、中央文化の外へ、文明の周辺へと追いやってきました。文化の中心地には絶対にあってはならないものなのです。

儒教の教えは、日本でいう神々を「鬼神」とか「怪力乱神」とか言って、徹底的に批判し排除してきました。韓国の儒教は朱子学です。近代以前の韓国、李氏朝鮮時代の朝鮮半島は、朱子学以外のあらゆる思想を排除し、朱子学一本で作られた国なのです。朱子学は徹底した現世主義、世俗主義の道徳思想ですから、李氏朝鮮は人間の先祖以外のものを拝むことはけっして許さず、自然の神々を文化の中心地から排除し続けてきました。

現代韓国の文化的な基盤は李氏朝鮮ですから、そうした伝統的な価値観は現代人の意識のなかにも強く根付いています。

武士＝野蛮＝軍国主義という韓国人の感覚

もう一つ、なぜ韓国の教科書が日本を野蛮だと言っているのかというと、何と言っても日本が長らく武士国家だったことが大きいのです。日本では武士道が生き方の美学ともなっていますが、韓国では野蛮な精神性そのものと思われています。

日本では平安時代末期に武士が興り、やがて武家政権が成立して鎌倉時代、室町時代と続きます。朝鮮半島では、室町時代のはじまりとほぼ同じ頃に李氏朝鮮王朝が成立します。李氏朝鮮の政治権力は、日本の「武人」とは正反対の「文人」なのです。政治官僚にはもちろん武人もいるわけですが、武人は高い官職に就くことはできず、文人官僚よりも劣位にありました。文人からすれば武を用いる者は野蛮な者ですから、武人はとても卑《いや》しい職の者たちとみなされていたのです。

韓国人から見れば、日本ではなんと野蛮な「武」を大事にしているではないか、全国的な戦争を展開していたではないか、人殺しの道具である刀を大事にしているではないか、野蛮国そのものではないか、ということになるのです。

ですから、「武士道」が日本人の精神性を支えていると言うと、とても怖くなってきます。日本人は今は平和で穏やかで、誰も戦争なんてできそうもない顔をしているけれども、いざとなると日本人は何をするかわからない。武士的な集団主義で固まり、野蛮人的なものが再び頭をもたげて再生するに違いないと思うのです。再び軍国主義が復活するに違いないと、本当に思っているのです。そのため、そうならないように日本人を常に叩いておかなくてはならない、そうしていないと不安でならないのです。

韓国のある一流の評論家が「今の日本は、すべて一律にある所への道を歩んでいる」と書いています。東日本大震災以降、日本は一律にどこかへと向かう一本の道に入って行っていると言うのです。これから日本人はどうなるのかわからない、それがものすごく怖いということを言っています。

この韓国人評論家は、東日本大震災以降は『朝日新聞』ですら偏向していると言っています。彼が言うには、『朝日新聞』は親中国、親韓国なしでは成り立たない新聞で、『産経新聞』は反中国、反韓国なしでは成り立たない。『読売新聞』はその中間でどちらにも付かない。しかしながら、最近は読売も産経に近づいている、そして朝日ですら韓国を批判する文章を書くようになっている。これは日本が今、かつての軍国主義、集団主義の道へと進んでいることの現れだと言うんです。

これまでの日本は進むべき道や目標が定められず、みんな右往左往していたのだけれども、今回の震災で日本人は一つになった。こうなってくると日本人はどれだけ恐ろしいものかというような書き方なのです。こういう文章を読んでいますと、日本について生半可《なまはんか》な知り方だと、まず巻き込まれてしまうと思います。それで、そういういい加減な日本観が韓国人一般の日本人観なのです。

来日当初の「日本人は冷たい」という印象

私は来日してから長い間、日本人がよく理解できませんでした。なぜわけのわからないたくさんの神々を拝むのか、そういう未開人であるはずの日本人がこれだけ世界的な経済大国、近代国家を造ることができたのはなぜなのか。これが私にとっては大きな謎でした。

日本がとても嫌いになった時期がありましたけれども、それを越えてからは、この謎を解けるように日本を探って行こうと思うようになりました。来日して五年ほど経ってからのことです。

いくつかの方法をとって日本を探っていったのですが、最も重要だと思われたのは人間関係のあり方です。韓国では、これは中国でも同じなのですが、人間関係をつくる上で一番大切なことは、いかに早く馴れ馴れしいばかりの親しい間柄をつくっていけるか、ということなのです。

二人の人間が今日初めて会ったとしましょう。それで、話をしてみたらとても気が合うと感じた。そうしますと、一緒に食事をしましょう、一緒に飲みましょうということになります。ここまでは日本と同じです。まあ、どこの国の人でも同じですね。そこで韓国人、中国人に共通しているのは、そう言われた途端に、「あなたの物、私の物という区別のない関係を早くつくっていく」のがとても大切なポイントになることです。

　そうしますと、とくに韓国の女性だったらまず腕を組もうとします。腕を組むことによって、距離感がなくなっていきます。そうやって、できるだけ早く相手との距離を縮めていこうとするのです。こういうことができるかできないかは、その人の人生で、出世するかしないか、成功するかしないかといったことにまでつながっていくのです。

　男性の場合は、腕を組むことまではしなくとも、会ったばかりのお酒の席でも肩を組むなどのスキンシップをしていきます。そうしているうちに、いきなり「あなたと私は兄弟だ」と言ったりします。韓国人とお付き合いされた方は大体経験されているのではないでしょうか。お酒を一緒に飲んだりしますと、すぐに「あなたと私はもはや兄弟だ」と言って、相手が年上なら「お兄さん」とか「兄貴」とか呼んだりします。こういうことができないと、人間関係がうまくつくれない人ということになります。

　私は留学生として来日したのですが、教室で隣の席の人ととても気が合いました。これからよろしく、お友達になりましょうと言いましたら、相手もその気になっていると感じられました。とすると私は「もはやあなたと私は友だちだ」という気分になっています。それで私は「あなたの物は私の物、私の物はあなたの物」という関係を早くつくりたいと思って懸命に努力しました。

たとえば、学校にボールペンを持って来るのを忘れたとします。すると日本人なら「貸してくれる?」と聞いて、返す時には「ありがとう」と言うでしょう。ところが、韓国人や中国人の場合は、友だち関係ではそんなことを言ってはいけません。勝手に使って勝手に返すのがいいんです。友達の机の上に筆箱があれば、それを勝手に開けて使って、戻す時に「ありがとう」とは言わない。そういうことを言われると、とても水臭く感じて淋しくなるものなのです。私が体験した三十年前でも、最近来日した人でもみな同じです。こうしたことを、来日したほとんどの韓国人、中国人が体験しているのです。

私はもう親しい間なのだからと、勝手にボールペンを使って「ありがとう」も言わないで戻すのですが、その友だちはいつまで経っても「貸してくれる?」「ありがとう」を連発するのです。とても淋しくてなりませんでした。いったい私のことを、本当に友だちだと思っているのだろうかと感じるのです。

それでも私は、めげることなく努力しようと思いました。昼休みになり、今度こそチャンスなのだと思って、何人かに「お弁当を食べましょう」と声をかけました。それで一緒に食べはじめたとき、私は一人の弁当箱の中のおかずを、「おいしそうね」と言ってつまみ、そのまま口に運びました。そのときの友だちの冷たい目、あのときに感じた淋しさには、耐えがたいものがありました。

日本人は表面だけ優しくて親切なだけで、外国人を絶対仲間に入れてくれない、これが日本人なのだと思ったのです。彼らには、本音と建前がある、そういう二重人格者なのだ、優しそうで親切そうに見えるけれども、彼らの心には血も涙もない、どれだけ冷たい人なのかと思うようになったのです。

私はそのときから、日本人とは付き合って行くことはできない、こんな日本人は人間とは言えないとまで思うようになりました。それで一時期、ヨーロッパへ逃げてしまったことがあります。

適当な「間」を置いて、相手の気持ちを察するのが日本人

来日して一年目は、ほとんどの韓国人が日本および日本人に好印象を持ちます。街は綺麗で清潔だし、自然が美しい、人はとても親切でやさしくて思いやりがあると。でも、二年から三年位経ちますと、だいたいはかつての私と同じようなところにぶつかってしまうのです。日本人は人間ではないとすら思え、日本人が嫌いになっていくのです。これには程度の問題はありますが、たいていの人がそうなっていきます。

そうなっていた時期に私は思いました。こんなにわけがわからない人が住んでいる日本なのに、日本は最も貧富の格差が少ない豊かな先進国であり、しかも世界で最も治安がいい社会をつくっている、それはいったいなぜなのか、と。

少なくとも、日本が世界のどこの国々も理想としながらいまだに達成できていない社会を実現しているのは確かなことと思えます。そうしますと、日本人はわけがわからないと思っている自分には、まったく見えていない日本、日本人があるはずだ、そうでな

くてはおかしいと思うようになりました。

それで日本を探って行こうとなって、それまでの「日本人はおかしい」といった偏見を全部捨てよう、韓国で教えられたイデオロギー的な日本人観も全部捨てようと覚悟を決めました。これはもう大変なことでした。それまでの自分を殺すことになるのですから。そうしていったん死んで、なんとか再生してやろう、生まれ変わろうと思いました。そこからようやく、日本人の人間関係のあり方も見えて来るようになったのです。

後々わかりましたけれども、日本人は冷たいのではなくて、一気に熱くならないようにしているのですね。韓国人、中国人は早く熱くなりたいのですが、日本人は適当な「間《ま》」を置きたいのです。緩やかに燃え続ける火のように、淡くともほの温かい永く続く関係を持ちたいと願うのが日本人でしょう。「間」を置くと何が見えてくるのでしょうか。相手の気持ちを察するという文化でした。

「間」を好む文化は日本にしかないものです。そして、言わずとも察するという文化も日本にしかないものです。韓国、中国では、「間」は詰めるべきものなのです。「間」が空いたままの人間関係では、いつどうなるか不安でなりません。

ですから、その「間」の空気を読んで相手の気持ちを察するという文化は生まれません。相手には言いたいことを百パーセント、いや二百パーセントも言ってあげないと、なかなかわかってもらえないものだ、という気持ちがあります。彼らがかなり大げさなことを普通に言うのもそのためです。日本人に対してもそうしていくわけです。

こういうことをわかっていって、そこからやっと日本人の様々な精神性、感覚のあり方が、一つ一つ見えて来たように思えます。

韓国・中国とは「間」を置いて付き合うのがよい

日本人のほうも、韓国人、中国人も同じ人間なのだから、あるいは日本は大陸や半島と同質の文化なのだから、話せばわかると言います。でも実際の相手は、決してゆずれない一つの価値観から主張していますので、そう簡単に話せばわかるようなことにはなりません。そこでは、こちらが相手の価値観と同じになることが求められているのです。

韓国も中国も長い間、異民族から侵攻を受け続けてきましたから、同じ民族以外は信用できないという共同意識が強く根付いてきました。もっと身近に言えば、自分の血がつながった家族・親族以外は容易に信用できないということです。

ですから、血のつながっていない人とどう付き合うかというと、血縁関係に匹敵するほどの強い絆で結ばれた間柄になろうとします。家族同然、兄弟同然の関係でなくては、信頼関係を結ぶことができないのです。すぐにでも身内的な手応えが欲しいので、気が合ったとなるといきなり強く結びつこうとします。それで距離を一気に縮めていくわけです。

これは、長い歴史のなかで育まれてきた他者との関係の取り方、その精神的な習性のようなものです。これは家族関係、個人関係だけではなく、集団関係、国家関係でも同じことになるということ、ここが重要なのです。朱子学的な家族国家観が国際関係にまで延長されているのです。

ただ、以前の韓国や中国の政治家はちょっと違っていました。たとえば以前の韓国や中国は、「領土問題はひとまず棚上げにして付き合いましょう」という付き合い方を日本としていました。これは、お互いに距離が縮められない部分はカッコに入れておいて、つまり留保しておいて、縮められるところを縮めていこうという具合に、一定の距離を置いての付き合い方ですね。

ところが今の韓国や中国はそうではなく、一気に全面的に距離を縮めていこうとします。ここが、かつてとはまったく違うところなのです。そう簡単に戻ることはないでしょう。

ではどうしたらいいのか。日本が得意な「間」を置くことです。相手が以前のように「懸案事項の棚上げ」で付き合おうとして来ない限り、日本は中韓と「間」を置いて付き合うこと。歴史的にも日本はそうやって中韓と付き合ってきたはずなのです。ここが最も肝心なことだと思います。

第2章
すべてを受け止める日本人の心の力

日本人は心の目で相手を見ている

私は日本に来て間もない頃、なぜ日本人は言いたいことをはっきり言おうとしないのかと疑問でなりませんでした。

日本人には、得意げの自慢、「いかにもそうだ」とばかりの見せ方、そのものズバリの表現などを、はしたないと嫌う人が多いと思います。そういう人たちには、なにげない素振《そぶ》り、無関心・無目的とも見える自律的な態度、それとない装い、遠回しの言い方などが、品格ある好ましいものと感じられているでしょう。

こうした、露骨なこと、むき出しなこと、あからさまなことを戒《いまし》める、日本人に特有な心性は、外国人とのコミュニケーションの現場では、しばしば、率直ではないとか、あいまいだとか、冷たいとか、気取っているとか、さらには何を言いたいのかよくわからないとかの印象につながることが少なくありません。日本に来たばかりの頃の私も、これで大いに悩んだものでした。

そこには明らかに、これ見よがしに自分を押し出す態度や姿勢を恥とし、できる限りつつましく身を処そうとする謙虚な心がけが働いています。そういうと、あなたは日本人をよく見すぎている、単に他人と衝突して面倒なことになるのが嫌で、それを避けようとしてそうしているだけのことだといったような反論を、欧米人や韓国人・中国人などからたびたび受けたことがあります。日本人自身にもそういう言い方をする人が少なくありません。外国に言いたいことをはっきりと言わない日本外交のあり方などは、その典型ではないかとも言われます。そういう面があるのはたしかでしょう。

しかし私は、この自己抑制とも見える日本人に特有な心性は、人と人との親和で平穏な関係を生み出していくには、他国の人たちにはあまり見られない大きな利点となっていると思います。また、自己抑制とはいっても、たとえばラテン系の人たちに見られるような、人なつこいほがらかな開放性に対しては十分好意的です。

日本人は総じて、おとなしく、やさしく、静かです。もちろん、そうではないときがあるのですが、そうあることがよき人のすがたと描かれていて、文化の基調ともなっているのが日本であるのはたしかなことだと思います。

自己抑制と言いましたが、本当はそうではないのかもしれません。

日本に来て間もない頃、私は親しくなったビジネスマンたちに、「出世したいですか？」「社長になりたいと思っていますか？」などの質問をすることがよくありました。圧倒的多数の普通の会社員が、社会的な希望をどんなふうに持っているかを知りたかったからです。出世したいと答える者も、社長になりたいと答える者もほとんどいませんでした。「それでは何のために会社にいるのですか？」と聞いてみると、食うためだとか、仕事が楽しいからだとか言う人が大半なのです。でも、日本人が夢も希望も持たない絶望的な人たちだと言えるはずもありませんから、自己抑制をしているとしか考えられませんでした。

あるとき、知り合いのビジネスマンから、「今度、部長に昇格しました」と挨拶されました。そこで心境をうかがってみると、「まあ、今の会社の流れからすれば、私がたまたま適任だったということなんでしょうね」と言うのです。なぜそんなに謙遜するのかと聞いてみたことから、その人はにわかに力を入れて話しはじめました。

「けっして謙遜しているのではないんですよ。自分を含めた全体の大きな流れ、自然な流れというものがあって、ああ、その流れがこの人事を決定したんだなと、誰もがそう感じられるようなことだったらいいなと、自分はそう願うばかりだということなんです」目からウロコが落ちる思いがしました。このときに、自己抑制とも見える態度や姿勢が出てくる根拠がようやくわかったと思えました。

この人もそうですが、私などから見れば、日本人はみなお坊さまのように生きようとしていると思わずにはいられません。頭の目ではなく、心の目で見ている。あるいは、頭の目の働きが、心の目の働きの要請をしっかり受け止めている。またまた、誉めすぎだとか言われそうですが、そういうことではないのです。

頭の目は、自然を人間にとってより便利で快適なものへつくり変えていこうと働きます。それに対して心の目は、自然生命のリズムや流れに感応していて、無理のない調和への道を照らし出そうと働きます。自然信仰にはじまる宗教性というものは、この心の目の働きから生み出されていったものだと思います。心の目は、頭の目の「行きすぎ」、つまり自然との不調和へ向かおうとする働きを抑制するのです。

日本の古典詩（『万葉集』など）では、ことごとくがと言ってよいほど、自然の情景描写が、そのまま心象風景であるようにつくられています。自然を心の比喩として歌っているのではないのです。心の内容を語ることが、花鳥風月の時々のリズムや流れを語ることと別のことではなかったのだと思えます。それだけ、心の目の働きが強かった時代だったと言ってよいでしょう。

この、自然をして心を語る意識を源泉として、日本という地の人々は文化に独得な色あいを与え、また自己抑制とも見えるあの特有な姿勢や態度を豊かに養ってきたのでしょう。

日本語にしかない受け身の話法

世界広しと言えども、日本人ほど受け身の立場でものを言ったり、物事を考えたり、他者への態度や姿勢をとったりする傾向の強い人たちはいないのではないでしょうか。日本人にはある種の「強固な受け身志向」が働いていると思わざるを得ないのです。

日本人は自分を抑えた言い方をするとか、原則を押し通そうとしないとか、自分の主張を積極的に出さないようなこと。また日本人は社会のルールや秩序をよく守るとか、集団でまとまりやすいとか、人と人との調和を重んじるようなこと。いずれの場合からも、とにかくまずは外部の他者を受け入れていこうとする強い意識の働きを、共通に感じとることができます。

日本語では〈れる〉〈られる〉を付けて、たくさんの動詞を受け身（受動態）にして使うことができるのも驚きです。しかも、強いて受け身で言わなくてもよさそうなことについてまでも、なぜかわざわざ受け身を用いるのです。日本人との会話では、そう思えることがとても多いのです。

それはとくに、自分をおとしめるかのような、あるいは自分を被害者の位置におくような受け身表現です。

たとえば、日本語の会話では「先生が私を叱った」とはまず言いません。「先生に叱られた」と言います。目上と目下の関係だからかと思っていると、対等の関係でも「山田君に先を越された」と言いますし、目下の者についてまで「社員に嫌われてね」という言い方を社長がすることは珍しくありません。さらには、「女房に逃げられた」「泥棒に入られた」がごく普通に使われるとなると、もはや相手が誰だから受け身で語る、という問題ではなさそうです。

そもそも日本語では「逃げる」「入る」など、外国語では受け身がつくれない自動詞でも受け身で用いられるのですから不思議です。ほかにいくつか例をあげてみましょう。

「誰かに見られている」
「兄にケーキを食べられた」
「妹にジュースを飲まれた」
「ああ、先に座られちゃった」
「そこに寝られると通れない」
「そばで煙草を吸われるのは嫌だ」
「あなたに死なれると困る」

いずれも「間接受け身」とか「迷惑受け身」とか言われているものですが、西洋語にも韓国語や中国語にもない日本語特有のものです。日本人はなぜこんな言い方をするのでしょうか。おそらくは、「兄が私のケーキを食べた」と能動態で言うと、相手を非難しているようにもなって角《かど》が立ちやすいと感じるのではないかと思います。私もまだ日本語の受け身がうまく使えなかったときには、たびたび「あなたはきつい性格だね」とか「なぜそんなに自分を強く押し出そうとするのか」とか言われたものでした。

なぜ受け身の立場に立ちたがるのか

日本人は受動態を多用するばかりではなく、受け身の立場でものを言うことが大変多いです。たとえば、親が子どもに対して、社長が社員に対して、「がんばってもらいたい」と言います。これも日本人特有の言い方です。もちろん、「がんばりなさい」と能動の側に立って言うこともあるのですが、それよりも、日本人の場合は「がんばってもらいたい」と、受ける側の立場で言ったほうが、相手への効果があるようなのです。

韓国人の場合は、上下関係がはっきりしていますから、上の者が下の者に対して受け身の立場でものを言うことはまずありません。「君には辞めてもらいたい」などの表現では、言っている自分がとても卑屈に感じられてしまうからです。

「働きます」ではなく、「働かせていただきます」と言うことのほうが多いでしょう。こうなると、なにか力が弱いように感じられてしまいます。しかもわざわざ「十分にできるかどうかわかりませんが」などと上につけて言うのですから、さらに頼りなく思えてしまいます。

私が日本語を生半可ながら、なんとかこなせるなと思えるようになったころ、アルバイト先にやって来た取引先の年輩のビジネスマンから、「帰らせていただきます」という言葉をはじめて聞いたときには、びっくりしてしまいました。

帰るのはそちらの問題であって、私には関係ないことではないか、それなのになぜ私から「帰る」を丁寧にもいただかなくてはならないのか、私にはあなたが帰ることを許す権限もなにもないではないか——。そんなふうに思ったものです。

「帰ってもよろしいですか」という許しを請う言い方ならば、西洋語にも韓国語にもあるのでわかりますが、もう用談が済んでいたからか、そのビジネスマンはそういう言い方はしませんでした。「帰ります」と言えばいいものを、こんな場合になぜ受け身の立場でいうのか不思議でなりませんでした。

またあるときは、「代金のお振り込みをさせていただきます」との電話を受けて、なぜ「振り込みます」とストレートに言わないのかと、理解に苦しんだものです。強い立場にあるはずの支払う側が、どういうわけかかしこまっているのです。

いずれの場合も、より丁寧な言葉づかいだと上司から教えられましたが、当時は、こんなおかしな言葉づかいをする日本人とは、いったいどんな考え方をしているのかと、わけがわからなくなったのでした。

日本人は成り行き主義者である

日本人の受け身志向の根っこのところには、なにか超越的な力に対する受け身姿勢があり、それが外国文化の受け入れや情報の吸収・伝達に大きな影響を及ぼしているのではないか。私にはそう感じられてならないのです。この「なにか超越的な力」とは、いったいなにかを少々考えてみたいと思います。

日本には「成るように成る」という言い方があります。韓国にも同じような言い方がありますが、それは少々自暴自棄的な投げやりの気持ちを表すもので、日本のように希望的なニュアンスはありません。

欧米やイスラム諸国ならば「神のご意志のままに」とか「神さまにお任せする」などの言い方となるでしょうが、この場合には「神は正しい者を助ける」といった意味からのもので、「成るように成る」のように、「自然の流れにまかせる」といった、没主体的なものではありません。

失恋をした、結婚したいのにできなかった、といった場合でも、結局は成るように成るしかなかったんだ、自然の流れでそうなったんだ、と考えようとする傾向が日本人には強いと思います。

出会い、対立、別れ、和解など、それらの根本にはなにかどうしようもない力の働きがあるという考え方があって、考えをつきつめていくと、成るように成るしかなかった、しようがない、それでいいんだ、といったふうに納得されていくように感じられます。

こうした日本人に多く見られる態度に、日本のことをまだよく知らなかった時分の私は無責任な感じをずっともち続けていました。

現代語訳ですが『源氏物語』を初めて読んだときにも、登場する男女の主体性のなさに驚きました。恋人と手に手をとって、川の流れを泳ぎ渡ろうとするのではなく、流れのままに行くしかない我が身を、ただただ悲しむのです。

韓国で恋愛小説の古典と言えば中世に成立した『春香伝《しゅんこうでん》』が有名です。

そこでは、愛し合う男女の間を切り裂こうと働く世間の邪悪な力に対して、なんとしてでも抵抗し一緒になろうとする人間の意志の強さ、善良なる心の純粋さが語られます。そして、天はそうした男女に味方する、という結末となります。主人公たちは川の流れをしっかりと泳ぎ渡ります。

『源氏物語』は古代日本の貴族の話だと言われても、現代日本のビジネスマンから「国際化は自然の流れですからね、これはもう、受け入れるしかないですよ」みたいな表現をされますと、日本人の人生観には、古くから一貫した「成り行き主義」のようなものがあるのではないかと思わずにはいられません。そうなると、どうやって努力ができるのか、不思議でなりませんでした。

これが、たいした努力もせずに、「長いものには巻かれろ」式に生きたり、「タナからボタモチ」式に生きている人の話ならばわかるのですが、どう考えても長い間努力を積み重ねてきたと思える人の口から出るのですから、なんともわからなくなります。

成り行き主義は甘えとして出ることもあって、その場合には無責任だといえます。

犯罪の場合でもそうです。日本では、犯罪者の固有な意志や内面の問題よりも、「なにが彼をそうさせたのか」がさかんに議論されます。

たとえば、以前に神戸市で起きた中学生による小学生殺害事件についての議論でもそうでした。事件の特殊なあり方から犯罪や犯人の固有性をとらえていこうとするよりも、家族・学校・社会などの環境にどんな問題があるかを見ていこうとする傾向を、とても強く感じさせられました。

彼の内面の心理よりも、彼の「成り行き」がどうだったのかが、大きな関心の的になるのです。

「おのずから」という考え方

日本人がいう「成るように成る」は、「おのずから」そうなるということであって、なにか実体的な主体の作用とは考えられていません。

で、この「おのずから」がクセ者なのです。「おのずから」は「自然に」ということですが、「自ずから」と書きます。ところが、「みずから」も「自ら」と書き、こちらのほうは「自分の主体において」を意味しますので、なんともややこしいことになります。

表記が同じということだけではなく、日本人には「おのずから」と「みずから」を矛盾しない一つのものと感じているところがあるように思います。

たとえば、ある人を好きになったのは、「おのずから好きになった」のであると同時に「みずから好きになった」のだというセンスです。

自分の主体の働きと自然の働きとが矛盾しないこと、一致すること、それがどうやら日本人にとっては理想なのではないでしょうか。

そうすると、日本人にとっての自分の半分は「おのずから」なる自分と意識されていて、そういうところで、受け身志向の強さがあらわされているように思います。

そうなると「成り行き主義」とは、この「おのずから」の自分を強く意識したものであって、「みずから」のほうはそこでは小さくなっていることが想像できます。

こういう具合に、「おのずから」なる自分と「みずから」なる自分が、時と場合によって、それぞれ伸びたり縮んだり、大きくなったり小さくなったりするのではないでしょうか。

いずれにしても、ベースにあるのが「おのずから」なる自分で、「いざ」、とか「ギリギリ」とか、「起きてしまったこと」といった問題に対するときに、「おのずから」なる自分がせり出してきて、「成り行き主義」になりやすい。そこで「みずから」の自分をいったんカッコに入れた形になる。そう考えると、うまく説明できるような気がします。

能動的受け身という不可解さ

「おのずから」が「自然に」ということで、「成り行き」とは「自然の成り行き」ですから、「おのずからの自分」とは「自然の作用を受け入れそれに同調していく自分」ということになります。受け身志向の根本にあるのが、こうした自分なのだと思います。

こう考えると、日本人にとっての受け身姿勢の根本には、基本的に自分の外からやってくるものを自然の作用と同じように尊重して受け入れようとする態度があると言えるでしょう。これが積極的な受け入れをもたらします。

ですから、日本人の受け身志向は、単になんでもかんでも口を空けて待ち受ける「タナボタ式」の消極的な受け身志向ではなく、積極的に受け入れようとする受け身志向だということです。つまり、受け身的であることがそのまま能動的であるというような、いわば前向きの受け身になっていることです。

この点が外国人にはうまく理解ができません。そのために、日本人からすればとんでもない誤解も生まれてしまいます。

「日本人はなんでもウンウンとうなずくから受け入れているのかと思ったら、それは表向きのことであって、実際には自分に都合のいいことしか受け入れようとしていない」

「日本人はさかんに人を褒《ほ》めて理解の態度を示すが、そうやって実際には巧妙に相手をばかにしたり、非難したりしている場合が多い」

こんなふうに、表面的には受け入れる振りをして、実際には受け入れていない、と感じる外国人は少なくないと思います。

しかし多くの日本人は、意図的に他者と向きあうことを嫌います。なんらの他意はない、という「自然な」心のあり方で他者と接することを理想とします。それが日本人の受け身志向なのであって、できるだけ虚心坦懐《きょしんたんかい》に相手の意見を聞こうとする態度となります。

それが外国人にとっては多くの場合、こちらの意見の受容、了解、納得と見えてしまうのです。しかし、この受容的な態度や心のあり方こそ、じつは日本人の能動性をすぐれて物語るものであるのです。

たとえば、誰か困っている人を助ける場合。これには自分が能動的に働きかけるしかないわけですが、この場合でも日本人の多くは受け身の側に立とうとします。言葉で言えば「私に助けさせてください」「助けさせていただきたい」とお願いする位置です。

このように、自らの意図的な働きかけとなることを戒め、なにか向こう側からやってくる目に見えない力のようなものを感じることができて、はじめて助ける行為が自分のなかから願いとして出てくる――日本人が能動的になるのは、いつもそんな具合です。

漱石の内発と親鸞の他力

ある物事が自分に対して大きなものとして浮かび上がってくるのは、自分がその物事に関心や欲望をもつからです。たとえば恋人などがそうです。

そうであるはずなのに、「成り行き主義」からしますと、関心や欲望をもったときにはすでに、なにか目に見えない自然の力とか運命みたいなものが作用していることになります。そういう感性を日本人は強固にもっているように思えます。

「恋う」の古い形「恋ふ」は、奈良時代までは「こちらから異性を求める」ことではなく、「異性に心を引かれていく」ことを意味していたそうです。自分では抵抗できない力の作用を受けている我が身、という感じです。

これは単に感性だけではなく、日本人の人生観とか世界観とかを形づくっているように思います。これを私は「自然力に対する絶対受け身の思想」と言いたいのです。

夏目漱石が日本人的な自己のあり方を「内発」とか「自己本位」とか言ったのも、そういうことからだと思います。蕾《つぼみ》が開いて花が咲く——それが「内発」という自己のあり方、「自己本位」なあり方だと漱石は言いました。

蕾が開いて花が咲くのは、その植物自身の働きであるけれども、それはまた自然力の作用を受けての働きです。日本人にはそういうレベルで自己（の理想）が考えられているのでしょうか。これを「おのずから」と「みずから」の一致した自分と考えることができると思います。

また、鎌倉時代の親鸞上人によって説かれた「絶対他力」という信仰のあり方。これなどは、もう日本人ならではの思想ではないかと思います。

「善人は往生をとげることができると言います。それならば、悪人はなおさらのこと往生をとげられると言うべきでしょう」

この親鸞上人の言葉は、次のように理解されると聞きます。

「善人のように、よい行ないをして浄土に救われようとするのは、阿弥陀さまご自身がすべての者を救うと誓われたことを信じていないからである。そういう不信心な善人でも救ってくださるのだから、そうした意図のない悪人にあっては、なおさらのこと救われやすいと言うべきだ」

これは、日本人の外部とか他者とかに対する感じ方を、徹底してつきつめたところに出てくる一種の絶対受け身の思想とも言えるように思います。そして、それがキリスト教の唯一絶対神による救済思想とよく似てくることに大きな興味を覚えます。

どこが異なっているかと言いますと、キリスト教の場合は神さまは奇跡を示されるということです。キリスト教の神は全自然と宇宙を創造した神ですから、人間のように自然法則に縛られることなく、自然法則を超えた力を発揮します。キリスト教の神の救済力とはそういった超絶的な力なのです。

ところが、阿弥陀さまは自然や宇宙の創造主ではありませんし、なんらの奇跡を示されることもありません。そこで、阿弥陀さまの救済力とは、自然や宇宙の法則を超えた力ではなく、自然や宇宙の本源的な力そのものであるかのようです。この自然力に対する徹底した受け身の姿勢、それが「自然力に対する絶対受け身の思想」を生むのだと思います。

儒教にも仏教と同じように超自然的な神の観念はありませんから、自然や宇宙の本源的な力を崇敬することでは変わりありません。

ただ儒教では、自然秩序の最高位にある天の価値に近づくために、いかに自分の徳を高めていくか、という自力がテーマとなります。また仏教でも、悟りを開くための修行という自力を重視するほうが一般的だと言えます。みずから最高の自然に近づこうと努力するわけです。

そういうことからすると、親鸞上人のような「絶対他力」の考え方はアジアでもかなり特異なもので、まさしく日本的なものではないかと思うのです。

キリスト教に代表される西欧では、自然に対する人間の働きかけという能動的な姿勢が、仏教や儒教に代表されるアジアでは、一般に、最高の自然に向かおうとする人間の能動的な姿勢が、ともに社会的な人間行為の基盤となっているようです。

そう考えると日本では、自然力の働きかけを受けて生きるにはどうしたらよいかという受動的な姿勢が、社会的な人間行為の背景に大きく浮かび上がってくるのです。

日本人にとっての「個人」と「社会」

日本を外側から見て、日本は一種の理想的な社会を形づくっていると感じている西洋人は少なくありません。日本は豊かな社会を大衆的につくりだしている、秩序のよく保たれた犯罪や事故の少ない安全な社会をつくりだしている、さまざまな集団のまとまりをよくつくりだしている。日本では人々が秩序正しく動き、全体として整然と調和した、平和で安定した社会が形づくられている。まさしくこれは理想的な社会ではないか——というようにです。

その一方で、日本のことをある程度知っている西洋人では、日本には個人がない、個人を犠牲にして集団を生かす社会、それが日本の社会だと感じている人も少なくありません。そこでしばしばいわれるのが、日本は集団主義社会だという主張です。

なぜ西洋人には、日本の社会は理想的な社会に見えながら、その一方では個人がないという印象をもつことになるのでしょうか。「日本には個人がない」と海外から見えるときの「個人」とはいったい何のことなのかを考えてみると、そのへんが少しわかってくるように思います。

そもそも日本・東洋には、近代以前には個人という概念がありませんでした。日本には「私＝ワタクシ」の世界はありましたが、西洋でいう個人というものはありませんでした。また、理想的な社会といいますが、社会という概念も近代以前にはありませんでした。「世間＝セケン」あるいは「村＝ムラ」や「町＝マチ」はありましたが、社会というものはありませんでした。

個人という言葉が一般的に用いられるようになったのは明治三十年代半ばくらいからのことで、それまでは「一個人」（一個の人）とか「各個人」（各個の人）というように用いられていたということです（『日本国語大事典』「個人」の項／小学館）。そこから個人という語が派生したとみられ、これが individualに対応する語として定着していったもののようです。

また社会という言葉は　明治八年（一八七五）一月十四日の『東京日日新聞』で、主筆の福地《ふくち》桜痴《おうち》が「ソサイチー」のルビつきで使用したのがはじめと言われます。その当時、societyの訳語はほかに、「会社」「仲間」「結社」などの狭い意味のものがありました。「仲間会社」「人間会社」などの複合語で「社会」を意味し、社団法人に「交易会社」「商人会社」の形がありました。明治七〜十年に、societyに「社会」を、companyに「会社」を、それぞれ訳語としてあてることが定着していったといいます（『日本語源辞典』小学館）。

個人も社会も、日本が西洋に範をとった近代国家を形成していくなかで、必要にせまられて生みだされたものだったと言えるでしょう。

individualは分割不可能なという意味ですが、もともとは神と分割不可能な存在を言ったものでした。またsocietyはラテン語のsocietasからフランス語へ、英語へと採り入れられたもので、元来は仲間、共同、連合、同盟といった意味をあらわしていました。それがやがて、individualは孤立した個人を意味するようになり、societyは孤立した諸個人が契約を結んで形づくる全体を意味するようになっていったのです。日本はそのプロセスを経験することなく、近代の概念へと変質を遂げた後のindividualとsocietyを、個人、社会という言葉をつくって受け入れたのでした。

それでは日本は、それらの言葉をその概念に忠実に理解・納得して受け入れたのでしょうか。別な言葉で言えば、孤立した諸個人が契約を結んで社会を構成するという考え方で社会を営んできたのでしょうか。そうではないように思います。

日本は理想的な社会を形づくっていると見る西洋人は、日本では孤立した諸個人の契約関係が理想的につくられているのだろうと思っているのかもしれません。また、日本には個人がないと感じている西洋人は、日本に形づくられている社会は何ら理想的な社会ではなく、個人を抜きにした集団主体の社会だと思っているのでしょう。

いずれの見方も日本人からすればおかしなことになるでしょう。にもかかわらず、西洋にはこの二つの見方しかないのです。つまり、西洋的な個人と社会という観点からは、日本的な「個人」と「社会」の姿は容易に見えてこないのです。

「ありがとう」と「お陰さま」

私は日本に来た当初、韓国から進出したあるキリスト教会に通っていました。そこでたびたび聞かされた牧師の説教のなかで、当時の私に最も印象深かった言葉は「日本人はまるで神さまのように生きようとしている」というものでした。神さまのように、とはなんともすごい言い方なのですが、これは日本人をほめたものではないのです。その牧師が言いたいことは「神さまではない者が神さまのように生きようとしている、なんと不遜《ふそん》な者たちなのか」ということなのです。

日本人は礼儀正しく、感謝の言葉を忘れず、常に謙虚な姿勢を崩すことなく、失礼があれば必ず詫《わ》び、他人には親切に、約束を守り……と、まるで自分が神であるかのようにふるまおうとする、しかし、神ではない者が神になれるわけがない、日本人はそのことを自覚しなくてはならない――そういうことなのです。

当時の私は、日本人の礼儀正しさに感心しながら、内面が容易にうかがい知れないという思いから、「表面だけそうしているんじゃないか」と気味悪く感じてもいたので、この牧師の言葉には大いに納得がいった気持ちになったものです。

とくに「ありがとう」という言葉は、韓国人の感覚からすると「軽々しく使われすぎ」に思えました。韓国にももちろん、「カムサハムニダ（感謝します）」や「コマプスムニダ（ありがとうございます）」という言葉があります。しかし韓国では、形式的な場面や深く御礼を言うとき以外には、ほとんど使わないのが普通です。とくに家族や友だちの間でいちいち「ありがとう」を使うと「なんて他人行儀な人なのか」となってしまいます。

かといって、韓国式を押し通していたのでは日本での生活にいろいろと支障をきたすことになってしまいます。そこでだいたいは、「郷に入れば郷に従え」と、とくに「ありがたい」というまでもない小さなことについても、表面的に「ありがとう」を連呼しつつ日本人とつき合っていくことになります。

あるとき、来日三年の韓国人女子留学生からこんな感想を聞かされました。

「日本で生活していると、何だかお寺に入って心の修行をしているような気持ちになってくるんです」

なぜかと聞くと、日本式に「ありがとう」を頻繁に使うようになっていくと、だんだんとほんとうにそういう気持ちになっていく、ほんの小さな物事についても、他人に感謝したい気分になってくるのだと言うのです。私もかつて、これとまったく同じ体験をしました。それで、先の牧師の話がまったくの偏見にすぎないものであることがよくわかったのです。

このへんがわかってくると「ありがとう」とともによく使われる言葉、「お陰さま」のニュアンスもなんとなくわかってきます。たとえば、会社の創立記念日などで韓国の社長が挨拶をするとしたら、「私はかくかくの苦労を乗り越え、かくかくの努力をしてきて、これだけの立派な企業を築き上げてきました」というように、まず「自力」を優先した言い方をするものです。しかしこれが日本人の社長ならば、必ずといってよいほど「みなさまのお陰で」と「他力」を優先した言い方になってくるのです。

この場合の「みなさま」は、社員だったり、出資者だったり、取り引き先だったり、消費者だったりしますが、どうもそれは単に具体的なそれらの人々ということだけでは納まりきらない、もっと横断的で茫洋《ぼうよう》たる広範さを言っている、という感じを受けざるを得ません。韓国ならば「徳澤」（徳の恵み・恩恵）という言葉を使いますが、これは具体的な他者から得た恵みや恩沢についていう言葉で、「お陰」のように、目に見えないどこか人為を超えたような力までは含んでいません。かと言って「お陰」は、キリスト教のような「唯一絶対の神」に集中するものでもありません。ひとことで言えば「自然力の作用」と言うしかないものだと思います。日本人は神さまのように生きようとしているのではなく、あらゆる他者性のなかに自然力の作用を感じて生きること、それを生活の理想としているのだと、そう言うべきではないのかと思います。

親切がサービス精神にもよく生かされている

洋の東西を問わず「利害を考えずに相手の身になってつくすこと」をとても喜んできました。それも、「自己犠牲の精神」といった仰々《ぎょうぎょう》しいものとしてではなく、人と人とが親しく行き交うにはなくてはならないこととして、また人間関係に潤《うるお》いをもたらす日常的な生活姿勢として尊重されてきました。これが自然に身についていることが社会生活を送る者の最低条件とみなされてきました。

身近なことで言えば、電車の中で若い者が老人に席をゆずること、人に道を聞かれれば教えてあげること、などです。これをひとことで言えば「親切」になるでしょう。これは本来、道徳以前の「情け深さ」や「思いやり」の情緒に支えられているもので、他人同士が親和な関係を結ぶための基本となるものです。

人の親切に接してうれしいのは、社会道徳の意識からの親切ではなく、情緒から自然とにじみ出てくるような親切です。たとえば道を聞いて、義務的に手早く教えてくれるのと、我を忘れたかのように丁寧に教えてくれるのとでは、うれしさの度合いがまったく異なります。単なる意志の伝達ではないコミュニケーションをそこに感じるからです。

日本に来て間もないころ、はじめて日本人の親切さの質に触れて感動したことをよく覚えています。道に迷って通りすがりのお店に入って聞いてみると、お店の人はすぐに店の外へ出て、通りの向こうを指さしながらわかりやすく教えてくれました。またあるお店では、忙しそうにしていた仕事の手を休め、奥から地図を取り出してきて広げると、いまだ日本語が十分ではない私に、わかりやすい言葉に言い変えながら、何度も何度も繰り返して丁寧に教えてくれました。このときは本当にうれしかったものです。

これは私に限らず来日当初の韓国人に共通した感動です。韓国社会では大きな意味での公的な道徳が尊重されているかもしれませんが、けっしていま言ったような生活に身近なところでの親切さに社会が溢れているわけではありません。韓国のある著名な作家が、日本人の親切さに感動した体験を、日本の雑誌に次のように書いていたのを読んだことがあります。

その作家は、京都の観光地を奥さんと二人で歩きながら、目にとまった一本の木の名前を自分はAだと言い、奥さんはBだと言って少々言い争っていました。そこで通りかかった人にその木の名前を聞いてみると、その人はAだと言います。作家はやはり自分が正しかったといい気になってしばらく歩いていると、後ろから「ごめんなさい！」と叫びながら荒い息をはいて先ほどの人が走ってきました。そして「あの木の名前はAではなくBだそうです」と告げて立ち去ったと言うのです。

その韓国人作家は、「日本人の根本はまさにここにある、日本が経済大国になったのはこのような日本人がいるからこそ、なるようにしてなったのだ」とさとり、それまでの日本人に対する不信感が一気に消え去り、数十年間もち続けていた反日感情からの偏見がスッと消えていったと言っていました。

この気持ちは私にはよくわかります。こうした親切は、相手の身になって考えようとする気持ちが子どものころから身についているからこそできることです。これは日本の商業でのサービス精神にもよく生かされていると思います。

だいぶ前のことですが、韓国で日本人の親切さを物語る例としてたびたび引き合いに出される有名な話がありました。それは、韓国で日本製の化粧品を使っていたら、顔に吹き出物が出る副作用を起こしたという人の話です。その人が購入したお店に文句をいうと、それは日本の本社にまで報告され、さっそく本社の社員が日本からやって来て深いお詫びの言葉を述べ、きちんと損害賠償をしたということです。韓国ではまずあり得ない話だったのです。

伝統技術と究極のアマチュアリズム

本の仕事の関係で、伝統工芸の名匠《めいしょう》、伝統技芸の家元、武道の宗主など、第一級の実力をもつ伝統技術者と会う機会がたびたびありました。日本の伝統技術には趣味と観賞の面から大きな興味をもち続けてきたので、その道をきわめた方たちから直接お話をうかがってみて、あらためて気付かされたことが多々ありました。

そのなかの一つに玄人と素人という問題があります。伝統技術は師匠について修業することで身に付くものだから、ある高度なレベルの技術を習得した段階で、その人は素人を脱して玄人の域に入る――単純にそう考えていました。ところが、私がお話をうかがった全員が口を揃えて「一生が修業です」と言うのです。

私は、少なくとも人に師匠と言われるような人は、すでに修業の段階を終えているのではないか、それなのになぜそういう言い方をするのかと不思議に思いました。もちろん玄人になってからも技術の錬磨はあるでしょうが、それを弟子時代からの修業の連続のように言うところがよくわからなかったのです。

最初はみなさん謙遜してそう言うのかと思っていましたが、どうもそうではないようです。心からそう思っていることは間違いないと思えました。

もう一つ、技術の習得についても私の常識が覆《くつがえ》されました。それは、だいたい次のような言い方が共通して聞かれたことです。

1 そこそこの技能ならば三年から五年で身に付く。
2 あとは自分しだいだが、どんなに遅い人でも十年もやれば一人前になれる。
3 だれでも一人前になれるし、それに才能は関係ない。
4 師匠や先輩は手取り足取り教えてくれるようなことはない。
5 師匠や先輩の手のふりを盗むようにして見ながら、自分で工夫して覚える。

簡単に言うと、「だれだって一人前になれる、才能なんて関係ない、教えてもらうのではなく、上級者がやっているのを見て自分で覚える」といった言い方なのです。

特別な才能なしに、とにかく真面目に修業をしていれば一人前になれるということが、私には驚きでした。また、「手のふりを盗むようにして」覚えるというところに、マニュアル化しきれない、「身体で覚える」というレベルの技術習得の領域があることがわかります。

しかも、そうして一人前になっても修業が終わったわけではなく、さらに死ぬまで修業なのだという考え方が伝統技術の世界にはあるのです。

私は、これは究極のアマチュアリズムではないかと思いました。手なぐさみに楽しむアマチュアリズムではなく、徹底的に突き詰められたアマチュアリズムです。アマチュアリズムを極限まで詰めていこうとする技術精神といってよいとも思います。近代的なプロフェッショナリズムとは大きく異なるものです。

また弟子などに対して、「あいつは腕がある」とは言いますが、「あいつは才能がある」とは言わないのです。そういう感じなのです。通常のアーティストについて言われることとは違う何かが、そこで言われていると感じました。

それら師匠の言い方に私はものすごく元気づけられました。それは一つには、私は私自身がやっている仕事で、あの人もこの人も大変な才能があるのに、自分はなんて才能がないんだろうかと、つくづく嫌になることがたびたびあるからです。でも、伝統技術の師匠たちの話をずっと聞いていって、「一生が修業なんだ、素人のままでいいんだ、そのアマチュアリズムをとことん突き詰めてやっていけばいいんだ」と、かってに考えて勇気がもりもりと湧いてきたのです。

もちろん、飛び抜けた才能の持ち主というのはたしかにいますし、またそういう才能を目指しての英才教育というものもあります。しかし、それは一部の一握りの者に限られたことでしょう。

それに対して、一生を修業とする伝統技術は、すべての凡才に向けて開かれています。特異な才能が切り開く世界ばかりが注目されますが、どんな仕事も修業の積み重ねなんだという世界のほうが、いっそう注目されてよいのではないかと思います。

素人を脱して玄人になるのではなく、アマチュアリズムを徹底的に突き詰めていこうとする伝統技術の考え方は、偏向した専門家主義への鋭い批判を提起していると思います。近年は、時代に即応した専門家教育の必要性が大きく叫ばれていますが、アマチュアリズムを脱色した玄人としてのプロフェッショナルを純粋培養することであってはならないでしょう。

第3章
自然と人間を区別しない感受性

いのちのはかなさに触れて感動する日本人

日本人の美意識のあり方で「わかるようでわからない」最たるものは、私にとっては「もののあわれ」とか、「わび」「さび」と言われるものでした。というよりも、そこがわからなければ日本人がわからないというほどの、肝心要《かんじんかなめ》なところだと思いました。この美意識は現代日本人にもよくわからなくなっていると言う人もいます。でもそんなことはなく、今の若者たちの間にも厳然と息づいていると感じられます。

春はただ花のひとへに咲くばかり　もののあはれは秋ぞまされる

（詠み人知らず『拾遺集』）

現代語に直せば、「春はもっぱら花がひたすらに咲く美しさがあるが、もののあわれを感じるには秋のほうがいっそうまさっている」となるでしょうか。春に堂々と表だって振る舞う生命に対して、秋にひっそりと忍びやかに佇《たたず》む生命が対比されています。この秋に象徴される生命の様子に触れたとたんに、いい知れない感動が湧き起こってくる。その感動が「もののあわれ」というものでしょう。

溌剌《はつらつ》としてみなぎるばかりの生命への感動ではなく、衰えゆく生命のはかなさに触れての感動。いまだ花を咲かせることのない幼い生命に触れての感動。人知れず小さく息づいている生命に触れての感動。現代日本人にも普通にある感動でしょう。こうした感動をもたらす美的な感受性が、歴史のなかで発展を遂げ、高度な美意識にまで至り、なおかつ広く一般にまで広まって庶民化していったような事態は、世界の中で日本にしか見ることができません。

秋という季節に感じる日本人の情緒のあり方は、外国人にはかなり不思議なものです。

奥山に　紅葉踏み分け　鳴く鹿の　声聞くときぞ　秋はかなしき　（猿丸大夫）

現代語に直せば、「山の奥に散り積もった紅葉の葉を踏み分けて歩きながら鳴く鹿の声を聞くときに、秋はかなしいと感じるものだなあ」といったところでしょうか。それだけのことで、とくに何かを主張しているわけではありません。

そうすると、いったい、こんなただ情景だけを述べた歌のどこがいいんだ、ということになりそうです。たしかにそうで、歌に何か内容を求めようとすればするほど、その無意味さが浮き彫りになっていく、そういうのが和歌の特徴といえば特徴なわけです。ですから、西洋の近代詩のようなものを芸術とする観点からは、まったく芸術とは言えない、無内容で素朴な口ずさみだとしか言いようがありません。

しかし日本人ならば、とくに和歌の心得などなくても、多かれ少なかれ何か「いいなぁ」と心に響くものを感じるのではないでしょうか。ここでの「かなしき」が単に「悲しき」とか「哀しき」ではあらわせない、独特な「いとおしさ」のこもった情緒であることが、日本語で育ってきた日本人にはよく伝わってきて、自分にも同じようにこの歌と共通の感受性のあることに気づかされるのだと思います。

一方、西洋人や中国人・韓国人などのアジア人が感じる「秋のかなしさ」は、かつてあった栄光、二度と帰らない輝かしい過去、ありし日の恋人との幸せな時などを思う、ロマンチシズムでありセンチメンタリズムであるのが普通です。追憶する、つまり過ぎ去ったことを思い偲《しの》び、懐かしむのですが、気分は悲哀、悲愁、感傷といった情緒に包まれています。そこから、自分をそういう気分にさせる秋という季節をうとましく思い、恨めしく思う気持ちともなっていきます。

ようするに、秋になるとすべての生命が衰えてしまうことに自分の感情を同調させていき、若き日の恋人との生き生きとした愛の交換など、そういう過去の「栄光」が今はないという悲しさ・寂しさ・悔しさ・辛さを、生命の衰えた秋の季節に思うという、過ぎし日々への愛惜《あいせき》の情なのです。

たとえば、フランスの詩人、ポール・ヴェルネールに、秋を次のように歌った作品があります。

秋の歌　　窪田般彌《くぼたはんや》訳

秋風の

ヴァイオリンの
　ながいすすり泣き
単調な
もの悲しさで、
　わたしの心を傷つける。

時の鐘鳴りひびけば
息つまり
　青ざめながら
すぎた日々を
思い出す
　そして、眼には涙。

いじわるな

風に吹かれて
　わたしは飛び舞う
あちらこちらに
枯れはてた
　落葉のように。

秋へのうとましさが執拗に繰り返されています。しかし先の猿丸大夫の歌には、そうした感じ方は微塵《みじん》もありません。ただただ、「秋はかなしい」と言うばかりです。つまり、そこでは人間の側の都合で秋をかなしいと言っているのではないのです。自然の秋の側が人間にかなしさの情緒を生み出させているのです。そこがまったく異なります。
もちろん日本人にもロマンチシズムはあります。それが秋に託して語られることもよくあることです。しかしながら、猿丸大夫の歌のように、そうではなくて、秋にふれることで何らかの理由もなしにかなしくなるところに、他の国や地域の文化にはまず見ることのできない、日本人の独特な感受性があるのです。

それは日本人ならば誰にもあるものと言えますが、衰えゆく生命それ自身への感動であり、か弱く小さな生命への感動であります。しかしそれは、西洋人などの場合のように人間のほうから秋へ向けられた眼差しから生まれる感動ではありません。あらゆる生命が最後の実りのときを経て、自らの命をまっとうしてまさに消え入ろうとする秋という季節、そういう秋の側からやってくる空気の流れを身に受けることで、抵抗することもできずに自然に身のうちに湧いてくる「かなしさ＝いとおしさ」の情緒にほかなりません。

こういう感じ方を他の多くの国々の人たちもまたしていると思ったら、大きな間違いをすることになります。

「わび・さび」という美意識

「もののあわれ」は仏教的な無常観から生まれたものとみる考え方があります。確かにいのちのはかなさを思う感情は、仏教的な無常観にもあるでしょうが、けっして同じものではありません。仏教は、この世に永遠なるものはなく、すべてが生成と消滅を繰り返す無常なるものとしてあることを説きます。この世のいのちとははかないものですが、仏教はそこで生死を超えた仏の世界へと人々を導いていきます。

儒教では天から与えられた生命の完璧な発現のほうへ向かいます。また道教では不老不死の仙人への道を理想とします。キリスト教が永遠の生命を信じる方向性を示すことは言うまでもありません。

いずれの場合も、はかないいのちの超越が説かれます。しかし「もののあわれ」では、この世のいのちのはかなさがそのまま受け入れられ、美的な感性を強く刺激することになるのです。

仏教的な無常観からこうした美意識が生じたのではなく、もともと日本にあった自然に対する感受性に基づいた情緒が、仏教的な無常観と結びついて「もののあわれ」となった。私はそう言うべきだと思います。そしてさらに、中世以降はそこから「わび・さび」という美意識が派生し、やがては日本独自の美学として、人々の間に広く根を下ろすまでになった。そうに違いないと思えます。

江戸時代の「わび・さび」へと発展していく美意識が、日本文学に見られるようになるのは鎌倉時代末期、十四世紀半ばの『徒然草』（兼好法師）以降と言われます。たとえば次の一節です。

「花は盛りに、月は隈なきをのみ、見るものかは。……咲きぬべきほどの梢、散り萎れたる庭などこそ、見所多けれ」（徒然草　下　第一三七段）

満開の花や満月の月だけが見るに価するとは言えない。すでに花が散ってしまって、これから咲こうとしている木々の枝、すでに散って萎《しお》れた花が落ちている庭などこそ、かえって見所の多いものである。こうした美意識は現代日本人にもそのまま通じるものと言えましょう。

満開の花もいいし満月もいいけれども、花が散ってしまった木の枝もいいし、十三夜のちょっと欠けた月もいい、萎れた花が散っている庭にも格別のものがある。こうした美意識が喜ばれ、それが芸術表現ともなったり、またごく一般の人々の間にすら共通に浸透しているようなことは、世界広しといえど、日本人の間にしか見ることのできないものです。

外国でもときたまこうした芸術表現に出会うことはあります。でもそれは、特殊な、どちらかというと少々厭世的《えんせいてき》な高級芸術家や高級文士などに限られたもので、日本のようにごく普通の庶民の間に見られるものではありません。

こうした美意識がやがて、茶の湯・いけばな・俳句などに代表される「わび・さび」と言われる美意識へと突き詰められていったものと考えられます。

「わび・さび」は、簡素なもののなかにある落ち着いた静寂さ、閑寂な趣といわれます。そうなりますと、庶民の感覚とはかなりかけ離れた、高級文人の特殊な美意識のように思われ、容易には理解できないものとも感じられました。折口信夫《おりくちしのぶ》はそのあたりをわかりやすく解きほぐしてくれています。

折口信夫は日本美を語った女性向けの随筆のなかで、芭蕉の句を例に引きながら「外に何物をも容れない小世界、純粋な世界、さう言ふ小世界の存在を考へる所に、日本の芸術の異色がある」と語りながら、いけばなの場合でも同じだとして次のように述べています。

「広い世界を暗示する考へ方ではなく、与へられた材料だけでそれ以外に拡らず、それで満ちくたごく簡素な世界を形作つてゐる、そこにさびがあるのです。併し、常にさびた花ばかり考へてゐてはいけません。わびすけの椿が、あのさゝやかな莟の中に何物もなく、ひそやかにふくれてゐる――あゝ言ふ小世界――それに近いものなのです。」(「日本美」『折口信夫全集・第十七巻』中央公論社所収)

私も日本のいけばなをいくらか学んでいたので、とてもよくわかると思いました。折口はこう述べてから、「さびを感じるのは、日本人が極僅かの材料で、自分だけの世界を作る事の出来る習慣があるからだと思ふのです」と言っています。このひとことで私は、難解に思えていた「わび・さび」の美意識が、とても身近に感じられるようになりました。

人間と自然を同一で対等なものとみなす

先に述べましたように、仏教では生々流転する生命の無常が説かれ、小さな生命を哀れんで大切にしていく考えがあります。それならば、仏教の影響を受けた国に日本人と同じような美意識の広がりが見られるかといえば、まったくそうではありません。大部分が簡素な趣《おもむき》とは異なる、いわゆる光り輝く華麗なる文化で、枯れ沈んだ生命に深い愛着を寄せるような文化は基本的に見ることができません。

インドやタイの仏教徒は蚊を殺すことすらしないのが普通です。しかしそれはすべての生命に仏性が宿るという、仏教の教え、いわば哲学からきたもので、自然な感じ方のままに蚊を殺さないわけではありません。きわめて自覚的なものです。それはイスラム教徒がけっして豚肉を食べないのと似て、宗教的な戒律というべきもので、それが長い歴史を経ての生活の習い性になっているためです。

私は、「もののあわれ」や「わび・さび」という美意識は、日本人に特有な自然に対する感受性のあり方によって支えられていると思うのです。

記紀の神話では、ある箇所には「かつて木や草が人間と同じように話した時代があった」とあります。また神々のほとんどが木とか花とか石とか、川の水の流れやその深みとか、海の渦潮や波とか、土地とか谷とか森とか、嵐とか雨とか霧とか、月とか太陽とか星とか、ようするにことごとくがさまざまな自然物や自然現象や自然景観を本体としていて、しかも人間と同じように名前をもって呼ばれて人間同様に扱われていることに気づきます。さらに注意深く見ていきますと、明らかに太陽の光に感じて妊娠したとか、蛇と接して妊娠したとか、風かなんかに吹かれて妊娠したとか、つまり人間が相手ではなく、自然に触れて子どもを孕《はら》んだといった話がかなりたくさん見られます。

国学者はこれを「自然を神と感じた時代」と考えましたが、神とか命《みこと》とか尊称をもって表現はされているものの、人間とはっきり区別がつけられているとは言えません。これは自然を神として人間から区別する自然信仰よりもさらに古い、自然と人間とを区別することなく、自然と人間を同一で対等なものとみなす意識にまで届くものだと思います。

そういう時代の人々の自然に対する意識とは、どのようなものだったのでしょうか。言うまでもなく自然と自分を同一視する意識です。そこにどんな感受性があるかと言えば、自然の生命的な循環がそのまま自分の生命的な循環となっていく感受性です。

春に生命が活発な活動を開始し、秋にそれが最後の実りを露わにしながら衰えていき、冬には死を迎えますが、それはまた春に生命が芽生えていく準備期間でもあります。この生と死を二様に抱えた、生命の終わりであると同時に初めでもある季節が秋という季節です。

かつてはその秋の最後の日が、太陽の光が最も衰える冬至の日であり、その翌日から太陽の光が快復して春になるという冬至正月のなごりは、日本・朝鮮南部・中国南部に共通する冬至の日に小豆を食べる風習などをはじめとして世界各地に残っています。

この秋という、生と死の入り交じった特異な季節の訪れによって、生命のなんたるかを最も深く感受させられ大きく情緒をうち振るわせる感受性こそ、「秋ぞかなしき」の感受性だと言えます。これはそのまま、いまなお日本人の間に一般的に見られる、世界でも例のない「枯れた生命」「か弱き小さな生命」に触れて抵抗しがたい感動を身のうちに感じるという、独特な美意識にまで通じるものと言えましょう。

複合・融合へと働く文化メカニズム

日本人と日本文化のどこが欧米や他のアジア地域の人々や文化と違うかということを、どこまでも突き詰めていけば、こうした自然と人間との同一視から生まれる感受性に行き着かざるを得ません。それ以外のことについては、ほとんどが他の地域と類似することばかりで、とりたてて「日本固有の……」といういい方はできないと思います。

日本文化のオリジナリティをこのように考えていくと、そのベースは少なくとも縄文時代の人々の自然生活にまで求めることができるでしょう。これが、かつては温帯・熱帯地方の自然採集生活者の間には共通に見られたものだったことは、南太平洋諸島の人々が記紀の神話に描かれたような自然観をいまなお強く残していることからも、言えることだと思います。

そういう、世界のどの人々にもかつてはあったものとすれば、欧米はもちろん、他のアジア諸国の人々の間にも、日本人と同質の自然に触れての感受性がみられないのはどうしたわけなのでしょうか。それは、農耕の発達によって、自然と人間とを区別する意識を獲得したからだと考えられます。そこから発達したのが儒教のような、自然の法理を人間社会の法理としていこうとする東洋的な思想だと言えるでしょう。老荘思想はそれに対する批判から起きたものですが、すでに人々の間からなくなってしまった農耕以前の感受性を哲学的に示した思想と言ってよいと思います。

それならば日本は、弥生時代にあれほど農耕文化を拡大したにもかかわらず、なぜそれ以前の時代の感受性を失うことなく、延々と日本文化の独自性をさまざまな形で彩《いろど》ってきたのでしょうか。私はそこに農耕以前の文化と農耕文化との融合を思うのです。

他のアジア諸国では、中国がその典型ですが、融合ではなく対立から、非農耕文化の排除を軸に農耕文化を展開させてきました。おそらく西洋でもほぼそうだったと想像することができると思います。およそ大陸諸国では、農耕文化は農耕文化、漁撈《ぎょろう》などの狩猟採集文化は狩猟採集文化、遊牧文化は遊牧文化という具合にくっきりと分かれて文化が形成されてきました。もちろん、その両者にまたがる文化地域はあるのですが、それが生業形態とは別に、独自に自立した融合文化を形成することはありませんでした。

日本は何らかの事情で、非農耕文化を排除するのではなく、融合することでそれ以前の自然に対する感受性を消し去ることなく、独自の農耕文化を成立させていったのでしょう。そう考えなければ、日本人の特異な感受性の持続はとうてい説明することができないと思います。

大陸では高地、平地、沿海地方が、広大な地域にそれぞれ独立的に広がり、互いに連絡の遠い距離を隔てて形づくられています。それに対して、日本の国土を構成する島嶼《とうしょ》ではどこでも、高地、平地、沿海地方の距離はきわめて近く密接であり、まるで大陸の地形間の距離を一気に圧縮したかのような、地形の縮合図とも言うべき景観が形成されています。箱庭のような景観と言われるのがこれです。

大陸では地形間の距離が大きく開いているため、これが生業のはっきりとした区分を形づくってきました。つまり大陸では、沿海地域の漁撈民は漁撈民、平野部の農耕民は農耕民、高地の遊牧民は遊牧民というように、それぞれ専業的に生活することが可能となります。こうした生活の持続が、やがてそれぞれ別々の民族を形成していくようにもなっていきます。

それに対して、地形間の距離が著しく接近している日本の国土では、高地、平地、沿海地方がそれぞれ対立するだけの自立性をもつことができず、互いに入り交じった複合的な自然環境が生み出されています。ですから日本の国土のような地形・地勢では、長い間にわたって生業や民族の区別を保持することは基本的に不可能となります。しだいに複合していくのが自然です。

そのため日本については、大陸のような対立軸からではなく、複合・融合の軸から歴史と文化を見ていかなくてはならないと思います。ここに、大陸と日本の文化・歴史の形成にかかわる自然的な基礎の、根本的な違いを見なくてはならないでしょう。

縄文時代から住居の基本は「柱立ち」だった

日本の建築は伝統的に「柱立ち」であり、ヨーロッパ、西アジア、インド、中国、韓国などの建築は伝統的に「壁立ち」となっています。これは、墓地あるいは祭祀場だったと推測されている縄文時代の遺跡である環状列石（長野県阿久・五千年前、秋田県鹿角市大湯・四千年前など）でも同じことが言えます。これは柱状の石を立て並べたものですが、列石のほかには環状列木（金沢市チカモリ遺跡・石川県鳳珠郡能登町真脇遺跡）の例もあります。これも柱を立てて環状にめぐらせたものです。

また、墓地が内側の環状列石で、住まいがその外側に同心円を描く環状で建てられている例もあります（岩手県紫波郡紫波町西田遺跡）。

このように、環状列石や環状列木などは日本の住居の「柱立ち」の発想と密接なものと考えられるのです。朝鮮半島や中国大陸に見られる、日本の縄文時代に相当する時代に造られた石の墳墓は、明らかに壁の上に屋根をかぶせた「壁立ち」形式のもので、韓国ではこれをドルメンと呼んでいます。

またヨーロッパにも祭祀場だったと見られる環状列石の遺跡がありますが、これも基本的には壁と屋根の形式で立てたとみてよいものです。列石としては、延々と長い距離にわたって何列にも立ち並ぶ列石の遺跡がヨーロッパにありますが、これは住居的な発想ではなく、太陽の運行線に沿ってラインを引いたものと考えられています。

アメリカインディアンも環状に石を配したストーンサークルを造りましたが、これは柱状の石を立て並べたものではなく、通常の丸石などを置いたものとなっています。

墓地や祭祀場は、いってみれば先祖や神々の住居ですから、その土地の人々の住居の発想が大きく影響して造られたものとみられています。

そういうことからすると、日本ではすでに縄文時代から住居の基本は「柱立ち」であり、しかも環状に配置することがあったことがわかります。この環状列石と環状に住居を建て並べる様式は、弥生時代以降の環濠集落《かんごうしゅうらく》の形につながるものと言えるでしょう。

煉瓦や干した土や石を積んで住居を造る文化は、朝鮮半島まで入ったものの、ついに日本には入りませんでした。また中国北方や朝鮮半島にみられる床暖房のオンドルも、北九州の弥生遺跡に一部発見されているものの、ついに日本には根付きませんでした。日本の寒い北国などには「壁立ち」住居やオンドルが根付いてもよさそうなものですが、それでもなお「柱立ち」で開放的な南方的木造建築が全日本的な文化を形成していったのです。

この縄文時代以来の執拗なまでの「柱立ち」の伝統が、日本の木造建築技術を独自に発展させたであろうことは、容易に想像のつくことです。四千年も前から高度な木組みの技術をもっていたのは、この「柱立ち」への特異なこだわりがあってのことだったと言えるでしょう。

現存する日本最古の木造建築物は何かというと、言うまでもなく法隆寺（六〇七年建立、六七〇年に炎上、七世紀後半に再建されたと推測されている）です。しかも法隆寺は世界最古の木造建築物です。法隆寺よりも古い木造建築物は、中国にも朝鮮にも他のアジア地域にも、世界のどこにも残ってはいません。

法隆寺が、中国発の寺院建築技術の導入によって造られたことに疑いはありません。そうではありますが、そこに用いられたさまざまな木造建築技術・工法のことごとくが、中国発のものだったわけではありません。

一九九七年九月四日、富山県小矢部市桜町の桜町遺跡から約四千年前（縄文時代中期末）の高さ五～六メートルの巨大な高床式建物の柱と見られる木材が多数発見されています。これらの柱とみられる木材には彫刻がほどこされており、しかも釘《くぎ》や紐《ひも》を使わずに材木を組み立てるために加工された跡がありました。

この工法は「渡腮《わたりあご》」と呼ばれ、縦横の材木にくぼみをつけてはめこんでいく現代にも通じる技術に類したものです。この技術はかつては、法隆寺に見られるのが最古で中国渡来のものと見られていましたが、この発見によって同工法の起源はさらに二千七百年遡り、縄文時代以来の日本の技術であることが明らかになったのです。

日本では、石や煉瓦を積む「壁立ち」を採用することなく、なぜそれほど「柱立ち」にこだわったのでしょうか。そこに南方アジアの「柱立ち」による高床式建築などとの関連が浮かんでくると言えるでしょう。

いけばなでも古くは花を立てるということから「立て花」「立華」と言いましたし、庭造りも石を立てることから「立石」という呼び方もされました。また諏訪の御柱《おんばしら》や日本各地の柱立て神事のように、柱を立てて神を祀る信仰が日本には古くからあります。神話でも、天の御柱の周りを男女神が回って交合し、日本の国土が生まれたとあります。

いずれも、高い木や石の先端に先祖や神の魂《たましい》が寄りつくという、きわめて古い信仰に関係しているのではないかと言われます。そこに、世界の屋根を支える一本の柱をみんなで立てていこうという世界観、宇宙観をみてもよいでしょう。

「柱立ち」の伝統の背景にはそうした精神性の流れを考えることができますが、石や土を積み重ねて家を造る技術と、柱を立て木を組み合わせて家を造る技術とでは、その難しさには雲泥の差があります。もちろん積み重ねるほうがずっと簡単で、柱を立て木を組み合わせるほうがいっそう精密さを要求されますし、強度や構造的な問題も含めてより高度な技術力が必要となります。

そこまでして執拗に柱を立てたり組んだりしてきたこだわりは、自然素材と道具・手との微妙な接触感覚、自然素材の多様な特質を微細に感受する研ぎ澄まされた感覚への無類なこだわりとも言えるでしょう。

伝統的な職人技術は、自然との生命的な交感による物づくりの技術

古い和歌にしても、徒然草の一節にしても、記紀の神話にしても、共通に感じ取ることができるのは、自然に対するきめ細かで豊かな感受性により綴られる世界の感触です。そこには理屈もなければ哲学も思想もありません。まるで、自然そのままのあり方に感

応していく感受性だけで世界の意識が覆《おお》われているかのようです。

そこに、日本人が世界の誰にも負けない精密な技術をさまざまな面で発展させてきた秘密があるのではないでしょうか。自然の素材の側から聞こえてくる「声」を察知して、その「声」に応えてほぞを掘る。人間の側から対象に働きかけて行使される技術というよりは、自然の素材のあり方を細やかに受け取っていく感受性の豊かさを磨き、それをもって技術を上達させていく。そこに日本人の技術的な伝統のベースがあるように思われます。

だから日本人は、心の内側で何かを考えてそれを思想にしたり、理念を述べたりすることがあまり上手ではない反面、自然や他者と接触する面での豊かな感受性を大きく発展させ、独自の美意識に彩られたさまざまな文化や、世界一精密な技術の世界を切り開いていくことができたのではないでしょうか。この感受性はまた、いいものはいいとして率直に外来の文化を取り入れることのできる日本人特有の感受性でもあると思います。

日本文化のオリジナリティは、長い縄文時代の間に培われてきた自然生活者特有の豊かな感受性の世界が、弥生時代以降の農耕文化の歴史に入ってもなお生き続けて現代にまで至っているという、その延々たる伝統の流れそのものだと言うことができるでしょう。

伝統的な職人技術、それは自然との生命的な交感による物づくりの技術――。そんな言い方ができるのではないでしょうか。鍛冶師は「鉄は生き物です」と言い、陶工は「土は生き物です」と言い、塗り師は「漆は生き物です」と言います。

それに対して近代的な技術では、自分を自然から切り離して主体とし、主体の側の都合のいいように客体としての自然から有益なものを切り出していきます。近代技術はそんな傾向を強くもった技術と言っていいかもしれません。

伝統的な職人技術では、自分と自然は近代的な主と客の関係ではなくて、どこか相互に交流したり重なり合ったりする「親和な対関係」のようなところがあります。木地づくりにしても、焼物づくりにしても、紙漉《かみす》きにしても、鍛冶にしても、職人さんの仕事ぶりを見ていると、明らかに自然素材の側からの働きかけに感応しつつ腕をふるっている、そんな感じを受けるときがたしかにあるのです。

森から材木を伐り出す伝統技術を身につけた木こりたちは、木肌に手を当てただけで、その木の成長の様子や病気の有無などを判断したと言います。そして木々の立ち並びを眺めて、どの木を切ったらよいか、どの木を切ったらいけないかを判断したと言われます。その判断いかんで、その一帯が後に再び見事な森として再生するかどうかがきまるのです。

伝統技術のエキスパートたちには、たしかに「自然生命の声を聞く能力」があったのだと思います。

一般の現代人にそんな能力はありませんが、日本語の表現には「木々がささやいている」とか「風が呼んでいる」とか、自然をあたかも人間と同じようにみなした表現がことのほか多いのです。職人たちははたして自然を人間に擬しているのでしょうか。そうではないと思います。「擬する」のではなく「同等・等価」と感じているはずだと思います。

日本最古の書物『古事記』にはたくさんの神話が載せられていますが、そこには「草や木が話をする時代」があったと書かれています。それらの日本神話は、自然の擬人化以前に自然と人間を同じものとみなした精神の時代があったことを、はっきりと浮かび上がらせてくれています。

伝統的な職人技術には、そのように自然と融けあって生きていた、おそろしく古い時代の人間精神のあり方が保存されているとは言えないでしょうか。

近代的な工業技術の進展は、物質的な豊かさを大きく広げてくれましたが、同時に環境汚染などの公害をまき散らし、人間を含めた自然生命の存続を危機状態にまで陥れています。それは、「自然生命の声を聞く能力」を非科学的として排除し、人間の側の判断だけで自然を工業的な加工の対象としてきた結果ではなかったのでしょうか。

これからの技術のあり方、未来の技術のあり方を考えるとき、日本の伝統的な職人技術が保存し続けてきた「自然生命の声を聞く能力」は、徹底的に再検討すべき、きわめて重要な課題となってくると思います。

伝統的な職人技術は、一人一人の職人たちの身体に埋め込まれて今なお生きています。ということは、我々は未来技術のあり方を考えていくための大きな手がかりをもっている、ということにほかならないでしょう。

日本人は意識の奥底で、自然物を人間のように感じている

『古事記』は天地が開かれる記述のところで、男女二神がたくさんの自然神（自然霊）を生み落とす様子を描いています。そこでは、河口の神は「速秋津ヒメ」、風の神は「志那津ヒコ」、伊予の国は「愛ヒメ」というように、人間と同じに「ヒメ」や「ヒコ」を付して呼ぶケースが多々見られます。あらゆる自然を、人間同様の「人格」をもった存在とみなす時代があったことが思われます。

また、「木や草や岩が話した」ことを『古事記』や『祝詞《のりと》』が記しています。風に吹かれて木々がさやぐ音や、岩にぶつかる水流の音などの自然音を、自然が言葉をしゃべっているとみなす時代のあったことが思われます。

現代的にはいずれも擬人化ということになるでしょうが、現代人がペットに名を付けて呼んだり話しかけたりするような、意識的な擬人化とは異なっています。無作為の擬人化と言うべきでしょう。

このように自然物や自然現象の一つ一つに細かく名を付け、自然が発する音を言葉とみなす考えは、人類が一様に体験してきたアニミズムの世界——あらゆる事物に霊魂（アニマ）が宿るとする精神世界に共通する考えです。

現代日本人は、もちろんアニミズムの世界に生きてはいませんが、その心のうちにアニミズム的なセンスを豊かに抱えていると感じられます。自然が言葉を話すと信じてはいないはずなのに、信じているのではと思わされる言動に接することは少なくないからです。樹木、山容、ご来光などに手を合わせ、何かの願い事などを口にすることは、今なお普通に行なわれています。

鳥のさえずりや虫の鳴き声を敏感に聞き分け、声の調子で元気そうだとか悲しそうだとかがわかるという人を知っています。野に咲く草花に、まるでお孫さんに対するかのような口調で話しかけるご老人の姿を見たこともあります。ある人は、毎朝庭の草木に「おはよう」と声をかけると、それぞれが表情で返事を返してくると言います。

いずれも日本人です。こういう無作為の自然の擬人化は、欧米人・中国人・韓国人などにはまず見られるものではありません。日本人には、意識の奥底で、自然物や自然現象を人間のように感じている人が少なくないことを物語るものではないでしょうか。

神々と自然への思いを乗せる日本語

こうしたことから考えられるのは、日本語を環境とする日本文化では、古い時代に自然を人（神）のように見なした意識のあり方が、日本語の体系や習慣が保存装置となって、延々と消えずに残ってきたのではないか、ということです。

『古事記』の自然神についての記述は、最も古い日本語がアニミズム的な精神世界のもとにあったことを物語っているでしょう。だとすれば、最も古い日本語は、あらゆる事物を自然神に見立てる、あるいはあらゆる物事を自然神の働きに見立てる――そういう言葉だったと想像することができるのではないでしょうか。

たとえば、ウとミの音を続けて「ウミ」と表現することで「海」が指示されます。と同時に、「ウミ」という音節は単に「海」という「もの」を指示しているだけではなく、ある広がりや深さをもった心の内容とわかちがたく結びついて表現されているはずです。

ここで「はずです」と言うのは、「ウミ」は「海」でもあり「生み」でもあるのではないかという、連想的な直感に基づいています。一つには、人類にとって海は古くから、あらゆる生命を生み出す源とも考えられてきた、という意識からくる直感です。島国日本ではなおさらのこと、海に生命の源を思う心が強く込められていることは、古い信仰や今も行なわれる各種のお祭りからも容易に察することができます。

しかしながら、国語学の上で「ウミ＝海＝生み」が同じ一つの言葉だと確定できる材料はないようです。学問的には「ウミ＝海＝生み」は、語呂合わせ以上の何ものでもないかもしれません。そうではありながら、これらが一つの言葉ではないかという直感には、避けがたいリアリティがあるのではないでしょうか。日本の民間信仰や民俗を訪ねれば、「ウミ＝海＝生み」はまぎれもない真実と思えてくるのです。「海」という自然を思う心が「生命を司る母神」を思う心でもあるような、そういう言葉のレベルがあると思えます。

日本語には、神々と自然を思う心の乗り物であるかのように、人と人との間を行き来している言葉がたくさん見られます。

心の歴史を保存する日本語

「うつくし（い）」は漢字で書けば「美し（い）」となります。そこでは、「うつくし」と「美」は同じ意味の言葉とみなされています。けれども、和語の「うつくし」と漢語の「美」は完全に意味を同じくする言葉なのでしょうか。

国語辞典で「うつくし」の古代の用例を見てみますと、主として「親密な肉親・家族・小動物などへの慈しみの情（愛情）」を表す言葉だったことがわかります。そして、それがしだいに「可愛らしさ」といった意味でも使われるようになり、室町時代の頃から「美」一般を表す言葉として使われるようになっていったことが知られます。

それでは、現代日本語では「うつくし（い）」はもはや「美」一般を表す言葉とだけ意識されていて、古くからの「可憐な愛すべきものへの情」を表す言葉としては意識されなくなっているのでしょうか。

現代といっても昭和初期のことですが、島崎藤村の詩のなかには古くからの「うつくし」の使い方が見られます。それは、「美し」と書いて「うるわし」と読ませ、仮名で「うつくし」と書いて二つの言葉を区別して用いている次の一節です。

粧《よそほ》ひすれば美《うるは》しの
いや美《うるは》しくみゆるごと
げにあたらしき春衣《はるぎぬ》の
君のすがたぞうつくしき
（『藤村詩選』角川文庫所収「四つの袖」二十八／一九三一年より）

「うるわし」は「麗し」とも書かれるように、「整った美しさ」「あでやかな美しさ」をいう言葉です。最後の「君のすがたぞうつくしき」はそういった美しさではなく、明らかに「可憐な愛すべきものへの情」を示したものと言えるでしょう。「美《うるわ》し」で外見的な美を讃え、「うつくし」で作者の心情を表したものと理解できます。「うつくし」はここでは単なる一般的な「美」ではなく、自分が心を惹《ひ》かれている大切な人の「愛らしい美しさ」

の表現となっています。

それから八十数年後の現在では、藤村のように「うつくし」と「美」の違いをはっきり意識して使うことは、ほとんどみることができないかもしれません。それでも、たとえば秋の紅葉を見て「うつくしい」と感じたときの日本人の心は、「可憐な愛すべきものへの情」に深く満たされているのではないでしょうか。

何かを見て思わず「うつくしい」と言葉に出るのは、色彩がきれいだという外面の美をいいたいからではなく、心に湧き起こった感動が自然と言葉になって口をついて出てくるからでしょう。そのとき「うつくしい」は、概念や理念ではなく、心の内を表現する言葉となっています。強いて漢字にあてれば、「慈《うつく》しい」とか「愛《うつく》しい」がふさわしく、漢字語では「慈愛」にきわめて近い心と言ってよいでしょう。

「うつくし(い)」には、かつて慈や愛を表した言葉の歴史がしっかりと保存されているのです。この歴史保存は「うつくし(い)」に限ったことではなく、多くの日本語(和語)について言えることです。

日本語の意味の広さと深さ

日本語が漢語の影響を多大に受けてきたことは言うまでもありません。日本は中国から漢字が入ってきてしばらくすると、漢語に相当する固有語（和語）を求め、それを訓として漢語にあてることを徹底して追求していきました。漢文の日本語による読み下しも、そうした流れのなかで行なわれるようになりました。

日本はやがて、漢字をモデルに日本語の音を表記する仮名を作り出し、それを漢字と混ぜ合わせて用いることで、漢語の世界と和語の世界が混淆《こんこう》した独自の一言語世界を生み出してきました。

それに対して朝鮮半島では、漢字が入ってきた当初、それを母国語の音にあてて用いること（日本の万葉仮名のように表音文字として利用すること）はある程度行なわれましたが、発展することはなく、やがては行なわれなくなっていきました。また、後に日本語の仮名に相当するハングルが作られたものの、日本のように仮名を用いて訓読みをしていく、という方式が生み出されることはありませんでした。

そういうわけで、朝鮮半島では漢文は、そのまま外国語として知識層に学ばれ、漢語の単語は音で読んだ外来語としてのみ、朝鮮語のなかに取り入れられていったのです。

私が日本語——主として和語の単語に、自分でも尋常ではないと思えるほどの強い興味をもつようになったのは、この違いによるところがとても大きいと思います。

訓読みは、一つの漢字についてだけ行なわれることはあまりなく、通常は異なる意味をもつ複数の漢字に対して行なわれています。その著しい例の一つとして「うつ」という言葉をあげてみます。

国語辞典から探してみると、「うつ」と読まれる漢字には「全・空・虚」があります。また「うつ」と同系と思われる言葉に「うつろ」(空・虚・洞)、「うつわ」(器)、「うつわり」(偽り)などがあります。また「うつ」の動詞形と思われる「うつる」には「移る」「遷る」があり、そこから転じたといわれる「映る」「写る」があります。

このように「うつ」は、全・空・虚・洞・器・偽・移・遷・映・写などのたくさんの漢字にあてられる、多様な意味をもつ言葉であることがわかります。

別な言い方をすれば、「うつ」はきわめて曖昧な言葉であり、意味の範囲がとても広い言葉です。「うつ」とはそういう茫洋《ぼうよう》とした広がりのある言葉であり、「こうだ」とひとことで言える言葉ではありません。でも、それらの漢字をじっと眺めていると、ある一定の共通性を感じとることができます。しかしながら、その共通性が何かを明確に指示することができません。

日本語にはそうした性格の言葉がいたって多いのですが、日本文化の性格とよく似ているように思います。日本文化は明らかに全体としての共通性をもちながら、けっして画一的ではなく、個々の地域ではそれぞれに個性的で多様性に富んだ展開を見ることができます。

言葉は言うまでもなく文化の最も肝心な要素の一つです。そのため、当然ながら、日本語の意味の広さや深さがわかってくると、日本文化の見識も深まってくることが少なくありません。また逆に、日本文化への見識を深めていくと、関連する日本語の意味の広さや深さがわかってくることも少なくないのです。

とくに伝統的な習俗にかかわる言葉、日本人特有の精神性を表すとされる言葉、日本語特有の言い回しや文法にかかわる言葉などへ分け入っていくことで、日本文化を支える日本人の心のあり方が、外国人にもかなりわかってくるように思われます。

言葉は生命的な存在そのものとみなされている

「恐い」とか「怖い」と書く「こわい」は、漢語の「恐怖」に相当する意味の言葉と言えるでしょう。ところが「こわい」を国語辞書で引くと、元は「こは・し」で「こわい（強）と同語源」とあります。「こわ」を「強」の漢字にあてたものには、「こわ飯」「こわ張る」「こわ言」などがあります。どうやら「硬直」とか「強固」といった意味の言葉であるようです。

「こわい」が「恐い—強い—硬直」という意味に連なるとすれば、この日本語の心は漢語の「恐怖」とはおよそ内容を異にするものと言わなくてはなりません。

「恐い—強い—硬直」が一つの系列をなしていることからすると、「こわい」は、柔らかな状態から固い状態へと相を変化させるほどの、強い力の作用を受けている状態を意味する言葉だと想像されます。たとえば顔つきや態度が、柔和でソフトなものから硬直したハードなものへと変化していくという、その変化の相をもたらす威力を「恐い」と感じるのが日本語の心なのではないかと思います。それに対して漢語の「恐怖」は、明らかに変化の相ではなく、固定的な「恐い」相を指示する言葉です。

日本語では主として、漢語によって特定の相を固定的に表現し、和語によって変化の相を表現するという分担が行なわれてきたと言えるのではなでしょうか。そう考えると、たとえば「危ない」も固定的な「危険」を指すのではなく、不安な状態へと相の変化を起こしつつある、力の作用を受けている状態を指すと言えるかもしれません。

そうしたことから、言葉も人間と同じような生命的なエネルギーに満ちた存在だという言語観が日本語にはあるように思えます。コトワザ・諺や言霊《ことだま》に見られる言語観では、まさしく言葉は生命的な存在そのものとみなされています。

第4章
「安全大国日本」の伝統

風潮としての「安全神話崩壊」と現実とのギャップ

日本国内では「安全神話は崩壊した」「日本は犯罪の多い危険な国となった」と言われることが多いのですが、諸外国と比べれば日本は世界で最も安全な国に属しています。犯罪発生率は、ＯＥＣＤ三十四カ国中の下から二番目です。凶悪犯罪では強姦・強盗・暴行が最下位で、殺人が下から二番目です（二〇一二年版「ＯＥＣＤ諸国の犯罪比較」）。

殺人発生率の最下位はアイスランドですが、面積は北海道程度で人口はわずか三十二万人という国ですから、実際的な比較にはならないでしょう。また、日本の犯罪発生率が最下位でないのは窃盗が多いためですが、日本の窃盗の大部分は自転車泥棒なのです。

盗まれた自転車の大半は元の持ち主のところへ返っているそうです。自転車泥棒とは言っても大部分は無断寸借程度のことなのですが、警察に届ければ立派な窃盗事件となりますので、発生率としてはかなり高いものとなります。こうした軽微な犯罪についても、日本は世界一取り締まりが厳しいことを示しているとも言えるでしょう。

日本では近年凶悪犯罪が多発していると言われることもよくありますが、事実はそうではありません。『犯罪白書』などの年次統計を見ても、明らかに年々減少傾向にあるというのが事実です。現在に特徴的なことは、「これまで考えられなかった事件」（いわゆる「家庭内殺人」など）が少数ながら起きるようになった、と言うことです。それは凶悪犯罪に限らず、「オレオレ詐欺」など新手口の犯罪についても言えることです。

マスコミでそうしたショッキングな犯罪事件が繰り返し報道されると、日本はいつ何が起きるかわからない危険な国になってしまった、という気分に陥りがちです。そのあたりで、日本の「安全神話」は崩壊したとの主張が出てくることにもなっているのではないかと思います。

風潮としての「安全神話崩壊」と現実とのギャップはあまりにも大きいのです。というよりは、まったく正反対だというしかないのです。マスコミに責任の一端があることは否めないにしても、なぜこんなことになるのでしょうか。

日本国民の不安傾向は高まっている

「安全神話」は崩壊したと言われながら、日本は世界で最も安全な国としてあります。逆に言えば、日本は世界で最も安全な国でありながら、国民の多くが不安感を抱え、日本は安全な国ではなくなったと感じているのです。

こうした国民の不安傾向は、さまざまな社会調査にも表れています。少し前のデータですが、二〇〇三年の国際的な比較調査では、「十年前より安全な国でなくなった」と考える人の割合が日本では八六％に達していて、北米（五四％）や西欧（五八％）よりも圧倒的な高さを示しています（世界経済フォーラム「安全と経済的繁栄に関する国際世論調査」二〇〇三年）。

こうした日本人の特異な不安傾向については、次のような学術報告があります。

「オランダ司法省のイニシアチブによって行われた『国際犯罪被害調査』（二〇〇〇年

四月実施・参加国は日本を含む三三ヶ国）によると（岩井宜子第2部会員のご教示を受けた）日本は、国際比較において総じて、犯罪被害にあった比率が小さいのに対して、犯罪にあうかもしれないという不安が極めて高いことがわかる。たとえば、住居侵入（未遂を含む）の被害率は一・二％で被調査国のうちもっとも少ないグループに属するが、一ヶ月以内に住居侵入の可能性があるとして犯罪不安をもつ人の割合が三四％であり、被調査国のうちで不安のもっとも大きなグループに属する」（日本学術会議第一九期「安全・安心な世界と社会の構築」特別委員会の報告書〈平成十七年六月二十三日〉より）

社会の現実と国民心理が大きくずれているのであり、ここに現代の日本社会に特有な問題があると言ってよいでしょう。

法社会学者の河合幹雄氏は、日本人の伝統的な犯罪に対する意識は、防犯意識の薄さ、自分の身の回りには悪人がいないという意識、約束や取引への信頼感の高さなどを特徴とし、犯罪者の扱いとしては、謝罪させて許す、社会復帰の重視、身元引受人の重視などが特徴だと述べています。そして、いずれも西洋や他の諸国での犯罪観とは大きく異なるものと指摘しています(河合幹雄『安全神話崩壊のパラドックス』岩波書店)。

河合氏が言うように、日本人の多くが「自分の身の回りには悪人がいないという意識」の持ち主であることを、私は来日以来、驚きをもって感じ続けてきました。

私は講演などで多数の人々と接する機会があると、「日本の安全神話は崩壊した、犯罪の多発する危険な国になったと言われますが、あなたの身近な環境でもそうしたことが言えますか」としばしば聞いてみるようにしています。そうすると返ってくる答えはきまって、「いや、私の身近なところでは大した事件は起きていません」なのです。「自分の身の回りには悪人がいないという意識」は今なお健在だと思いました。

犯罪発生率の低さからして当然の答えなのですが、にもかかわらず、そう答える人が一方では「日本はもはや安全な国とはいえなくなった」と言うのです。私の感じ方では、物事を否定的な観点で見たがる日本人に特有の「罰点主義」が、九〇年代にいっそうのこと盛んとなり、それが安全にまでおよんでいまだに尾を引いているように思えます。

ところが先の学術会議の報告書では、こうした近年の国民心理の傾向を「安全保障の水準を高めること」を時代が要請している、というようにとらえています。すごいことだと思いました。しかもこの報告書では、「安全の水準がより高まる、安全と安心をつなぐ社会システムの構築」がこれからの課題であるとして、さまざまな提言を行なっているのです。

社会が客観的に安全であればよいとする時代から、個々人の主観的なイメージとしても心から安心だと感じられる安全な社会を構築する時代へ――。世界一の外在的な安全を実現している日本だからこそ、安心感という内在的な精神のあり方までを課題とすることができるのだと思います。

日本人に特有な、「防犯意識の薄さ」や「自分の身の回りには悪人がいないという意識」は、昨日今日に生じたものではありません。近代以前からの伝統的な生活を通して養われてきたものです。どのようにしてかは、古くからの共同体生活のあり方をはじめ、さまざまな要因を考えることができます。

ここでは、日本ではよく知られていることとは思いますが、日頃から私が興味深く感じている三つのことについて少しばかり考えてみたいと思います。

一つには、江戸時代の治安維持・警察機構です。二つには、江戸時代の人々がほとんど防犯を意識しない生活を送っていたことです。三つには、今でも消えてはいないと思える罪についての古くからの考え方です。

江戸の治安維持・警察機構

江戸の南北両町奉行支配下の与力は五十人、同心は二百人で幕末に二百八十人という陣容でした。公式の警察官はこれだけです。しかも与力は同心を管理して事件などの確認を行なう検使の役割でしたから、実際の警務業務に携わることはありません。

同心の大部分は、通常は細分化されたさまざまな事務や管理の仕事にあたっていて、実際の警察業務の現場に携わったのは「見廻同心《みまわりどうしん》」と呼ばれる十四人にすぎませんでした。それも、二人は探索をするだけの隠密廻でしたし、六人は臨時廻で予備人員としてあり、日常的に現場にあたっていたのは定廻と呼ばれるわずか六人の同心にすぎなかったのです。

幕府はなぜ、わずかこれだけしか警察官を定めなかったのでしょうか。そこには、大きく三つの理由があったと考えられます。

一つには、日本の都市は中世の自治都市や村落社会の延長上にあり、基本的に住民の自治・自衛で運営されてきたことです。幕府は、その中世以来の伝統を追認し、これをみずからの治安維持システムに組み込んでいったのです。

江戸の町人たちは武家地には辻番《つじばん》を、町人地には自身番を置き、また各木戸《きど》には木戸番《ばん》を置き、常時番人がいるようにして治安維持にあたっていました。これらの番所が現在の交番のルーツといってよいのですが、江戸時代の交番は民間交番でありました。

二つには、古代の王朝以来、犯罪の現場に役人はできるだけタッチせず、賤民階層に属してキヨメ（清め）と称された、呪術的な民間宗教者でもある職業身分の者たちが市中警備などにあたる伝統が維持されたためとみられます。

江戸の町では、浅草弾左衛門と称する賤民頭の配下の者たちがこのキヨメ職を請け負っていましたが、その範囲は刑罰業務と浮浪人の捜索や逮捕に限られていました。しかし、それだけでは、中期以降には人口百万を突破した江戸の、一般の武士・百姓・町人を対象とする捜査・捜索・逮捕が十分にできるわけがありません。

そのため、古代からの伝統で、同心たちが私的に特定の者を下働きとして雇用することを、江戸幕府は暗黙のうちに認めていました。彼らが一般に目明かしと呼ばれ、表向き禁止されてからは岡っ引きと通称され、また後には手先とも呼ばれた者たちです。彼らのなかには多くの元犯罪者がいたそうですが、これは古くからの慣習として行なわれてきたものであり、同心たちが独自に考え出したものではなかったのです。

岡っ引きにはさまざまな者がありましたが、大部分は町人（元武士を含む）であり、同心から金銭を受け取っていた者が百五十人ほど、無給の者が四百人ほど、彼らの手下を加えると一千人ほどいただろうとみられています。彼らのほとんどはこれで生活を成り立たせていたのではなく、多くは茶屋などの水商売、博打の胴元、人入れ稼業などで生計を立てていた者たちでした。

三つには、日本の都市・農村の犯罪発生率が伝統的に低いものとしてあり、江戸の犯罪発生率も同様にきわめて低かったことです。一説には同時代のロンドンの百分の一だったとも言われます（現在では日本の犯罪発生率はイギリスの十分の一程度を推移している）。

江戸の町に犯罪がきわめて少なかったのは、刑罰が重かったためにそれを恐れてとか、リンチ（私刑）のような形で顔役などが勝手な裁量で処罰していたため、などといわれることも少なくありません。しかしながら、これに対して河合幹雄氏は、前近代〜近現代を通じた日本の処罰の特徴として、刑罰が軽いこと、一般の人々には厳罰を望む傾向がありながら、統制機関には逆に寛大さが目立つことが挙げられると述べています（河合幹雄、前掲書）。

江戸時代には、ことさらにお上に訴えることはしないで、民間で自主的に解決するケースが圧倒的に多かったようです。もちろんそれはリンチで解決されたのではなく、長屋のご隠居さんや村の長老に仲裁を依頼するなど、きわめてまっとうな住民自治としてあったものといえます。現在の日本でも、裁判件数が欧米と比較するときわめて少ないのは、訴訟以前に弁護士などの仲裁で和解するケースが断然多いためです。

防犯の必要性を誰もが感じていない社会があった

江戸では、盗難や傷害などの事件もいたって少なかったようです。日本人には当然のことだったのでしょうから、日本人の手で強いて記録されることはなかったのですが、日本を訪れた西洋人には一様に驚異的なことだったようです。

たとえば、これは明治初期のことですが、大森貝塚の発見で知られるアメリカ人の動物学者エドワード・モースが、瀬戸内地方を旅したある日、広島の旅館に財布と懐中時計を預け、そこからしばらくの間遠出をしようとしたときのことです。旅館の女中がお預かりしますと言ってしたことは、時計と財布をお盆に乗せてモースの泊まった部屋の畳の上に置いただけでした。

もちろん部屋はふすまで仕切られているにすぎず、鍵や閂《かんぬき》などが掛けられてはいません。モースはとんでもないことだと思って宿の主人を呼んだのですが、主人は平然と「ここに置いておけば安全です」と答えたのです。

モースの旅行中にこの部屋を使う客は何人もいるわけですし、女中たちも始終出入をします。不安をぬぐえるわけもなかったのですが、モースはひとまず実体験を積むことを重視し、そのまま出かけたのです。

一週間後、旅館に戻ったモースは部屋のふすまを開けて心から驚き感じ入ったのです。そのときのことをモースは次のように記しています。

「帰ってみると、時計はいうに及ばず、小銭の一セントに至るまで、私がそれらを残していった時と全く同様に、ふたのない盆の上に乗っていた」（エドワード・モース著／石川欣一訳『日本その日その日』東洋文庫）

モースによれば、欧米のホテルでは盗難防止のため、水飲み場のひしゃくには鎖が付き、寒暖計は壁にネジで留められているのが常だったそうです。モースはその日記に「日本人は生得正直である」として次のように記しています。

「人々が正直である国にいることは気持ちが良い。私は財布や時計に注意しようとは思わない。錠をかけぬ部屋に小銭を置き放しにするが、日本人の子供や召使は一日に何度も出入りするのに、決して手を触れない。日本人が正直であることの最大の証拠は、三千万人の国民の家に錠も鍵もかんぬきも錠をかける戸さえもないという事実にある」（前掲書）

日本には泥棒がいないという西洋人の印象は、以後も変わることなく続いていました。二十七歳で初来日したアメリカの女性紀行作家エリザ・シドモアは、その日本紀行（明治十七〜三十五年）のなかで、次のように述べています。奈良を訪れたときに宿泊した住宅地内の民家に触れた文章です。

「私たちの泊まっている小さな家の仕切の薄っぺらさは、濠に囲まれた無意味な城壁や城門と同様、盗人を誘惑しているように見えましたが、この理想郷には泥棒はいません。住居は広く雨戸を開け、何時間もそのままです。少なくとも好奇心で手に触れる光景は無数にありますが、それで不安になったり、物が紛失したりしたことはありませんどの部屋の襖にも鍵をかける設備はなく、どんな盗賊に対しても雨戸を頑丈に作ることはしませんし、またそんな防犯の必要性も感じません。これは国民性を考える上で大きな参考となります」（エリザ・R・シドモア『シドモア日本紀行』講談社学術文庫）

日本の城を守る濠や石垣や城門は、西洋の城塞をよく知った者から見れば、まるで外敵からの防御の用を成さない無意味なものでした。それと同じように、西洋人にしてみれば、日本の民家の囲いも部屋の仕切も、あたかも盗人を誘惑しているかのように脆弱なものでありました。しかも、広い開口部はいつも開けっ放しで戸締まりすらすることがありません。防犯の必要性を誰もが感じていない社会がそこにあったのです。現在にみる「防犯意識の薄さ」は、すでに百年以上前から定着していたのです。

罪は清め祓うことで消え去るという思想

折口信夫は、古くはツミ（罪）とはツツシミ（慎み）だったという理解を示しています（「道徳の民俗学的考察」昭和十一年など）。つまり、何か悪いことをするのがツミなのではなく、何かの行為をそのままやると災いが起きてよくない、そのために身をツツシムこと、それがツミということだったというのです。その典型的な例として、祭の前夜に神さまとの出会いをもつために身を慎んで「お籠《こも》り」をする習俗をあげることができます。

「お籠り」とは私なりに解釈すれば、こういうことだと思います。

日常生活のなかでは、さまざまな心身の汚染＝ケガレ（穢れ）をこうむることになるので、一時的に日常生活から離れて小屋などに籠り、何もせずにじっとして自然のままに身をゆだねていると、自ずと浄化作用が働いて心身が清められる――。

祭に際しては「身を慎んで神霊の訪れを待つ」のであり、身も心も清められた潔白な状態となって、はじめて神さまとの出会いをもつことができるのです。逆に言えば、そうやって潔白な心身となれば、神さまは喜んで訪れて下さるのです。

そのように、ツツシムことによってケガレが清め祓《はら》われるというツミの考え方・習俗が古い時代にありました。とすれば、罪を犯した囚人が牢獄に入るというところにも、それは心身の自由を奪う罰だという考え方以前に、日常生活から離れて「籠る」ことで心身が浄化される、ケガレが清め祓われる、罪が消える、という意義があったのではないかと思われます。

『古事記』の神話に、スサノオが天上で罪を犯し、そのツグノヒとして髭《ひげ》や手足の爪を切って地上へ追放したという話があります。ここでは「清め祓い」が天上の司る行為となっていて、スサノオが「ケガレを身にもった」ために、そのケガレを清め祓う意義をもって、身についたもの（髭や手足の爪）をそぎ落として現実世界に放免した、というように語られています。ツグノヒとはツミヌグイ、つまり「罪をぬぐう」ということで、そこから「つぐない（償い）」という言葉が生まれたものと考えることができるでしょう。

おそらくは、清め祓いの象徴行為として、身に付いたものを分離する、そぎ落とすということが行なわれたのでしょう。ツグノヒはある意味での弁済ですから、財物もまた身に付いたものの一種と考えられたものと思います。そういうことから、やがては髭や手足の爪を切ることが身体を痛める罰則に、また財物をそぎ落とすことが損害賠償とか罰金へと転化していったものと考えられます。

古い時代のツミとは、慎んで身を清めることでした。心身におびたケガレを祓うことがツミであり、ケガレていることがツミではなかったのです。ケガレがツミなのではなく、その逆にツミ＝慎むことによってケガレが消えると考えたのです。

今でも、何かのよくない問題を起こした者に対して、自宅に蟄居《ちつきょ》し謹慎《きんしん》することが求められたり、自ら率先して謹慎するようなことは珍しくありません。身を慎むことによって心身におびたケガレが浄化されるという古くからの考え方に通じていると思います。

こうした考えからすると、そもそも悪人というのは存在しないことになってくるでしょう。「自分の身の回りには悪人がいないという意識」が一般化されてきたのも、一つにはこうしたツミの意識の伝統が消え去ることなく続いてきたためと思われるのです。

第5章
死生観と浄土を思う心

祖霊・カミの住まう豊饒なる「あの世」

日本では古くから、人が死ぬと魂が肉体から離れてあの世へ行き、あの世で先祖の霊と一緒に暮らすもの。そして、しばらくあの世に滞在した魂は、やがてこの世に戻ってきて、何処かの家の子供として生まれ変わっていくものと信じられてきました。

そうした死生観のあったことが、古い書物や民俗学調査などから知られています。このような、生命の本体としての魂が、永遠にこの世とあの世の往復を繰り返すという死生観は、太古の昔にはどんな民族にも共通に信じられていたものです。

日本では、あの世が何処にあると考えられていたのでしょうか。『万葉集』の死者を偲《しの》んで歌われた挽歌によれば、海の彼方とか山の彼方、あるいは雲や霞《かすみ》の彼方とされていたようです。それらの彼方とは、日本各地に残る民間信仰によれば、海の向こうに霞んで見える島とか海の底とか、あるいは村落の裏山とか村境の向こうに広がる野とか、生活圏からそれほど遠く離れてはいない異境でした。そこに、先祖の霊が生活するあの世を思ったのです。

そのように日本では、人間の生活世界の外側に広がる自然界に、しかもかなり身近なところにあの世があるとイメージされていました。あの世はこの世から隔絶した地ではなく、生活圏に隣接する野や山や海の自然にあって、いつでも往還が可能な世界と思われていたのです。

あの世にもこの世と同じような生活があると考えられました。ただ、あの世はこの世とは大きく異なり、常に豊かな恵みに満ちあふれた幸福な世界として思い描かれました。大漁も豊作も、商業的な繁栄すら、あの世からもたらされる恵みと信じられました。

日本各地にいまなお行なわれているさまざまなお祭りや祖霊迎え・祖霊送りの行事は、いずれもあの世から祖霊・カミを迎えては送りかえす儀礼として、古くから続けてきたものでした。

あの世に住む祖先の霊＝祖霊はカミとも呼ばれ、春や秋の季節の訪れとともに豊かな恵みをたずさえて村々を訪れ、人々に祝福を与えるとまたあの世へ帰って行くものと信じられました。太陽の光が最も衰える冬至の日の夜に村々を訪れ、人々に恵みをもたらすとされる弘法大師の伝承も、そうした信仰を背景に生み出されたものだったでしょう。

そこに私は、「我々はみな、あの世から射してくる光を浴びてこの世を生きている」という、無意識のうちに形づくられている世界観、生活感を感じないではいられません。光は太陽の光そのものでありながら、この世にあらゆる自然物を満ちあふれさせている「いのちの素」です。祖霊やカミはその「光＝いのちの素」の別名でもあるでしょう。

あの世は死後の世界であり、だれの未来にも約束されている理想世界。そこへ到達しようとして生きるのではなく、そこからやってくる「光＝いのちの素」の恵みを受けて生きていく。そうして光のほうへと引き寄せられていって、やがては「光＝いのちの素」と一つになっていく――。

日本人は、そうした死生観を意識の底に深くもち抱えていると思います。人は死ぬと先祖の霊と一緒になる――これを「人は死ぬとカミとなる」とも言いました。そういう死生観があったために、仏教が入ってきてからは、「人は死ぬと仏になる」という言い方がされるようにもなりました。人が死んで魂が肉体を離れ、魂があの世へ行くことを「成仏する」とも言い習わしてきました。

日本人の自然観＝死生観の原型

あの世とこの世とを往復するのは人間の魂だけではなく、人間以外の動物にも植物にも、土にも岩にも水にも、また雲・霧・風・雨などの自然現象にも、遠近に望む自然景観にも、一切の自然物について同じように考えられていました。『古事記』の神話からは、そうした時代があったことがよく推測できます。

日本でいまも行なわれている古くからの生活祭事は、こうした自然観をよく保存しています。たとえば、稲の害虫を駆除するときに、それら害虫をあの世に送りかえすための虫送りの行事が各地で行なわれています。樹木神や穀物神、風神や雷神は言うにおよばず、そびえ立つ山容や流れ落ちる滝の姿もまた、日本各地でそのままカミと祀られてきました。

すべての自然物・自然現象には人間と同じように魂が宿っている。いずれも、死とともにあの世へ帰り、再びこの世へと生まれて来る。こうして常にあの世とこの世を行ったり来たりする魂の循環、永遠に輪廻転生《りんねてんせい》を続ける魂の世界が信じられました。これを日本人の自然観＝死生観の原型とみなしてよいでしょう。

こうした自然観＝死生観が心の底から信じられたのは、人々の生活が基本的に自然の恵みに依存するものとしてあったからです。山菜・果実・魚介類などの自然採集と、せいぜい素朴な穀物栽培を中心に生活が営まれた世界では、どの民族でも例外なくこうした死生観が信じられていたはずです。『古事記』の記述からも、かつての日本に、自然と自分（人間）とを区別しない、等しい存在とする、一体的な感受性のあったことが知られます。

農業の発達とともに、こうした自然との一体感に支えられた自然観＝死生観が、しだいに不安を抱えはじめます。畑作にしろ稲作にしろ、それは単に自然の恵みに依存するものではなく、自然に働きかける人間の技術が大きな位置を占めてくるからです。そこから、人間と他の動植物・自然物とを区別する意識が芽生えてきます。もはや人間は他の自然と等価な存在ではあり得なくなっていきます。

農業の発達は食料生産を飛躍的に伸ばし人口を増大させますが、一方では余剰の生産物をめぐっての争いが避けられなくもなってきます。考古学の報告によれば、日本では稲作が広く行なわれるようになった弥生時代から、矢や刀剣などの武器によって損傷を受けた人骨が頻繁に出土するようになっています。人々の間に貧富の格差が広がり、かなりはっきりした身分制をもって共同体が運営されるようにもなっていきました。

そうした時代になると、次の世ではどんな境遇や身分に生まれて来るのかが重大な関心事ともなっていきます。だれもがより幸福な再生を望むようになります。逆に言えば、次の世で身分が低くて苦しい生活を送ることになったり、あるいは動植物となったりはしたくないという思いから、輪廻転生がひとつの恐怖ともなっていきます。どうすれば来世の幸せが約束されるのか、来世の幸せのためにはどう生きればよいのか、そういう意識がしだいに人々の間で強くなっていきます。

日本で仏教的な死生観が受け入れられていったのは、おそらくは人々の間にそうした意識が広がりはじめた頃のことだったと思います。なぜならば、仏教は生と死を繰り返す永遠の輪廻転生という死生観に対して、輪廻転生の輪を断ち切り永遠の生命を獲得することができる、という立場に立つ宗教だからです。輪廻転生の輪を断ち切り永遠の生命を獲得した存在、それが仏教にいう仏《ほとけ》（ブッダ）です。

すべての衆生が仏になれる

日本仏教を大きく特徴づける思想を言うならば、何よりも「草木国土悉皆成仏《そうもくこくどしっかいじょうぶつ》」という考え方があげられると思います。「あらゆる自然物はことごとく死ねばみな仏となれる」という考え方です。同じことを「山川草木悉皆成仏《さんせんそうもくしっかいじょうぶつ》」とも言っています。

インドの大乗仏教では、『大涅槃経《だいねはんぎょう》』が「一切衆生悉有仏性《いっさいしゅじょうしつうぶっしょう》」という立場を説きました。「すべての衆生（生類）はことごとく仏となる性質をそなえている」という主張です。しかし、この「衆生」は有情、つまり精神性（心）をもつ存在で、植物や無生物は入っていません。それに対して中国では、南部の江南地方に栄えた六朝の後期に、植物には精神性があるのかないのかが盛んに論じられ、道家の影響もあって「植物にも精神性がある、したがって仏になれる」という「草木成仏論」の主張が出されるようになったと言います。

これが日本に伝えられると、「草木」はもちろんのこと、「国土」も「山川」も、つまり無機物を含めた一切の自然物が仏性をもつ、仏になれるという考え方になっていきました。すべての自然物には人間と同じように魂が宿っているという、仏教渡来以前からの日本人の自然観＝死生観があったからこそ、そのように仏教思想の受容が行なわれたのだと言えるでしょう。器としてのアニミズム的、汎神論的な世界観のうちに、仏教思想を受け入れていったのではなかったでしょうか。

すべての衆生（あらゆる自然存在）が仏になれるという考えは、すべての自然物を大日如来の顕現《けんげん》とする空海の真言密教の中にもありました。同じことは、仏の慈悲は万物に平等に働くと説く法華信仰の立場から、天台宗の最澄によって示されてもいました。これらの考えをベースに、「草木国土悉皆成仏」という言葉に象徴される「天台本覚論《てんだいほんがくろん》」が中世に出現したとされます。

こうして、「すべての衆生（あらゆる自然存在）に仏性が宿っており、だれもが仏になることができる」という、日本仏教に独得な考えが生み出されていきました。鎌倉新仏教はこの考えと対峙するなかで、これをさらに明確な思想へと進めていったのです。

法然が新しい浄土の教えを説き、親鸞がそれを発展させます。それぞれ浄土宗と浄土真宗の開宗へとつながります。栄西と道元が中国から新たに禅を移入します。それぞれ臨済宗と曹洞宗を開きます。浄土教や禅に対して、日本仏教をあらたに法華経中心に立てようと日蓮が登場し、日蓮宗の開宗をもたらします。

これら鎌倉新仏教に共通するのは、すべての衆生（あらゆる自然存在）が仏になれる、だれもが輪廻転生することなく永遠の生命を獲得できるということを、明確な思想として打ち出したことです。

すべての衆生に仏性が宿るという考えは、すべての自然物に魂が宿るという古くからの日本人の自然観＝死生観をよく吸収することができました。日本土着のプリミティブな思想を否定し去るのではなく、よく吸収していったところに、日本仏教の独自性をみることができます。

どうすれば仏になれるのか？　鎌倉仏教の祖師たちはこの問いに正面から立ち向かい、念仏に、坐禅に、法華経の題目にと、その答えの核心を見い出し、さらにそれを教義として発展させながら人々に説いていきました。この新しい仏教の「教え」が多くの人々に迎え入れられることになり、日本の仏教は本格的な民衆宗教として成立していったのです。

山を降りて平地に向かった仏教

鎌倉新仏教の始祖たち、法然、親鸞、道元、日蓮らはみな、少年期や青年期に比叡山で学びました。思想・学問を学ぶと言えば仏教を学んだ時代、比叡山は当時の最高学府中の最高学府だったと言えるでしょう。もちろん信仰を深めるのが本旨ですが、比叡山が高度の知的エリートを養成する研究院のような役割をはたしていたのも事実だったでしょう。

ここで興味深いことは、彼らはみなそのまま比叡山に留まって高位のエリート学僧としての道を歩み続けていく生涯を送らなかったことです。名利を捨てて、つまり世間的な名声も地位的な将来性も捨てて、比叡山から平地の日常の世界へと降り立ち、そこでそれぞれがそれぞれの独自性に基づいた教えを広めていく生涯を送ったことです。

比叡山―天台宗の教えの核には、真実の教えは一つであり、それによってどんな人間もすべて平等に仏に成ることができるとする一乗思想がありました。そして、「草木国土悉皆成仏」の考えにいたる天台本覚思想が形づくられていきました。

本覚思想では、眼前の事物のすがた（具体的な現実の事象）にこそ真理が現れているとされます。そこから、迷える普通の人（凡夫）がそのまま仏であるとする「仏凡一如《ぶつぼんいちにょ》」が説かれ、穢土《えど》（この世）のただなかに浄土があるとまで主張されると言われます。

深いところまではわかりませんが、宗教としてはとてつもない現実肯定だと思います。すべての自然物はみな仏性をもっているのだから、凡夫も仏も、穢土も浄土も、根底のところでは一つです。しかしながら、「凡夫がそのまま仏である」のならば、誰もがあるがままで救われていることになり、もはや宗教は不要となってくるのではないのでしょうか。あるいは無宗教と道が一つになってしまうのではないのでしょうか。どうしても、そうした疑問を拭えません。

そうした疑問は、日本人一般の宗教性に関しても同じように感じられるものです。それは、なんとも形容しがたい、私が体験的にも知るキリスト教的な宗教感覚からすれば、

「無宗教の宗教」とでも言うしかないような、たとえば神道に示されるような宗教性です。また、空理空論を排し、何よりもまず眼前の事実を直視しようとする傾向が、日本人には特に強いと感じられます。いずれについても、本覚思想とどこかで通じているように思えます。

それはさておき、本覚思想が日本独自の仏教思想の基層を成しているのはたしかなことでしょう。

根本では「凡夫がそのまま仏である」としても、現実的に我々凡人が仏のような高い境地に達することははたして可能なことでしょうか。そうそう可能なことではないからこそ、教えを学び、修行を重ね、やがては真理を体得して悟りを開いていく、そうして救われていくという修行僧の一生というものがあったはずです。また、自らも得度して修行を行ない、喜捨・寄進を施していくなかで救われていこうとする貴族など特権階級の人々があったのでしょう。

それに対して、仏教は貴族や僧侶など特別の人々だけのものではなく、庶民を含めたすべての人々のための宗教だという地平が、天台宗によって切り開かれていました。それならば、凡夫はどのようにして仏になれるのか。鎌倉新仏教の始祖たちが比叡山を降りて目指したのも、そうした課題に応え得る「民衆宗教」としての仏教の広布だったでしょう。法然、親鸞、道元、日蓮らは、それぞれ天台本覚思想と対峙し、これを批判的に吸収していくなかで自らの信仰心を深め、山から降りて平地へ向かって行ったのだと思います。

自ら孤独な出家遁世の道へ入った聖たち

鎌倉新仏教の始祖たちは山から降りて平地へ向かいましたが、もう一方には、貴族社会を捨て、また教団を離れて、深山に隠遁《いんとん》したり、乞食のすがたに身をやつして民衆の間に布教活動を展開する宗教家が続々とあらわれていました。そうした宗教家たちは一般に聖《ひじり》と呼ばれました。

隠遁者の生活をさまざまに伝える説話集『撰集抄《せんじゆうしよう》』（十三世紀半ば成立）には、古代末期の隠棲の聖たちの姿がさまざまに描写されています。

僧賀上人という方は、天台山に千日籠って修行しましたが、なかなか悟りを得ることができません。それである時、伊勢神宮に参詣して悟りを得させていただきたいと祈っていると、「宗教心を深めようとするのならば、我が身を我が身と思うな」との啓示を受けました。僧賀上人は、それは名利を捨てよということだろうと思いいたり、身につけている着物をみな乞食にくれてやり、赤裸のまま野に下って行ったということです（『撰集抄』巻一ー二）。

そのように、既成教団から離脱し、いっさいの名利を捨てて野に下った僧たちは、宗教者であることを辞めたのではありませんでした。それまでの出家生活とは異なる新たな出家生活を送るため、在野で再度の出家をとげたのでした。教団や社会のいっさいのしがらみを断ち切り、行乞《ぎょうこつ》（修行者が家々の門に立ち食物を乞うこと）に生きながら、自然な衰退によって死を迎えること、それが彼らの往生の思想だったと思われます。貴族のなかにも同じように名利を捨て、一介の聖となって隠遁生活に入る者たちがありました。

観釈聖というかつては貴族だった人が、突然家を出て髪を切り行乞をはじめました。

この人はいよいよ往生というときになって、ある富者の庭の片隅を借りると、肩から落ちた帷子《かたびら》を着て、コモを背にかけた姿で、美しい景色の見える石の上に座り、しばらく西に向かって手を合わせていましたが、やがてそのまま息が絶えていたということです（『撰集抄』巻三―四）。

隠棲し、たまに行乞しながら肉体の衰えを待ち、死期が来れば自然の風景に溶け込むように消えてゆくのが、隠棲の聖たちの望むところでした。観釈聖という方は、それでもなお俗界への未練があって、せめてそうした往生のすがたを人々に見せておきたかったのかもしれません。

隠棲の聖たちの生き方にはさまざまありましたが、共通するのは俗世間との関係を断ち、自ら孤独な出家遁世の道へ入っていくという生き方です。その思想的な特徴は「世捨て」というところにあったといってよいでしょう。

肉食妻帯は極楽往生への妨げにはならない

すべてがそうなのかは熟知しませんが、日本仏教の特徴の一つに、肉食妻帯を否定しないことがあげられるでしょう。浄土真宗にはじまるものと言われますが、肉食妻帯の肯定はすでに古代末の隠棲の聖たちのなかに見られます。平安時代末期成立の説話集『今昔物語集』には、肉食は往生のさまたげにはならないとして、次のような話が載せられています。

ある天台僧が京都の北山で山中の家に一夜の宿を得ました。その家の主人は餌取《えとり》（牛馬や鳥の肉を扱う者）の法師といい、肉食妻帯しながら夜になると念仏を称《とな》えています。不審に思って天台僧が聞くと、法師が答えました。

「私は卑しく愚かな者です。この女は私の年来の妻です。食べ物がなければ餌取が残した牛馬の肉をもらってきてそれを食べ、いのちをつないで過ごしてきました。そうやって、念仏を称えることのほかにすることとてなく、年を重ねてきました。私が死ぬ時には必ずあなたにお知らせしましょう」

その後、何年か経ってから、天台僧の夢の中で音楽が聞こえてきて餌取の法師が現われ、「私は先年、北山であなたとお約束をしました乞食です。今この世を去って極楽からのお迎えを得て参るところですが、かつてのお約束どおりその旨をお告げするために、わざわざ来たのです」といって、遥か西の方を指すと音楽がやんでいました。

驚いた天台僧は不思議に思い、夜が明けてから弟子の僧を呼んで北山の餌取の法師の家へ向かわせました。弟子の僧が家へ行ってみると、法師の妻が泣き悲しみながら、「私の夫は昨夜、貴く念仏を称えながら亡くなりました」と言います。この話を聞いた人々は皆、肉食は往生の妨げとはならない、ただ念仏によって極楽へ行くことができるのだと知ったといいます（『今昔物語集』巻十五−二十七）。

肉食妻帯は何ら極楽往生への妨げにはならない、ということが語られています。

仏教の源であるインドでは、「三種浄肉《さんしゅじょうにく》」といって、「布施のための肉」「自分のために殺されたのではない肉」「自分のために殺された疑いのない肉」の三つの条件を満たしている肉は、僧侶が食べても破戒にはならないとされると聞きます。東南アジアの仏教でものようです。

しかし、中国仏教ではしだいに肉食を忌避する傾向が強まり、日本にもその思想が流れ込んだ結果、僧侶は牛馬や豚の肉を食べることをせず、一般人もほとんど食べなくなったと言われます(僧侶以外の者が魚や鳥を食べることは許されていた)。

そこからさらに、肉食を禁じることと、生き物を殺してはならないとする「不殺生《ふせつしょう》戒《かい》」の戒律が一緒になって、みずから殺生に手をくだす猟師らを不浄視するようになり、さらに食肉や皮革を加工する職業の者まで賤視《せんし》されるようになったと言います。したがって、同じ理由から餌取という職業者も賤視されていたのでしょう。

そもそも、農本主義に基づくアジアの農耕国家ではどこでも、農業こそが尊い生業とみなされ、農業以外の商業・工業などの職業は長らく一括して賤業とみなされていました。日本では仏教の渡来とともに、餌取など動物の屍体を扱う職業は、仏教の教えに反するとして、商工よりもさらに卑しい職業とされていったのでしょう。したがって、そうした職業にある者たちは、とても極楽往生はかなわない人たちとみなされました。

しかしながら、野に下った聖たちはそうした考えを否定したのです。だれにも仏性が宿っている、だれもが救われるという観点を、あえて戒律を犯すことで示したのかもしれません。先の説話では、肉食妻帯を禁ずる戒律がはっきりと無視され、往生には念仏三昧の生活以外に何も必要ないということが示されています。

法然、道元、日蓮の新しさ

隠棲の聖たちは「世捨て」という位置に身を置くことによって、それまでの仏教の貴族的、権威的なまといを引きはがしていきました。しかしながら、特別な修行もせず、寄進をすることもなく、なぜ往生をとげることができるのかを説いたわけではありません。

ただ、「世捨て」には、祭の日を迎えるにあたっていったん日常の生活から離れ、小屋などに籠って身を清めながら神の訪れを待つという、神道的な民間信仰の習俗を思わせるものがあります。俗生活を捨てるという意識は、この「お籠り」の意識とつながっているような気がしてなりません。そこに、一般庶民の民間信仰との接点があったのはたしかではないでしょうか。

しかしながら、特別な日に限った「お籠り＝世捨て」ではなく、彼らのような全面的な「世捨て」は、一般の生活者からすれば難行・苦行と何ら変わるものではなく、だれにでもできるものではなかったでしょう。依然として、一般の人々にとって極楽浄土は「狭き門」であるほかなかったのです。

こうした時代の要請を受けて、源信以来の浄土教を超え、まったく新しい浄土教を創造したのが法然です。

法然が到達した浄土教は、各種の仏教の教えの中から、ただ一つ称名念仏《しょうみょうねんぶつ》だけを選びとり、他はいっさい捨て去ってしまうことがよい、というものでした。『選択本願念仏集』（一一九八、建久九年）にその観点が概略次のように説明されています。

自力の修行は難行であって、末法の時代には難行で救われることが不可能になってきている、だから自力的な修行はいっさい排して、易行《いぎょう》中の易行として称名念仏をとる、阿弥陀仏の救いにすべてを託して、ただ南無阿弥陀仏と称えれば救われる――。

こうして、源信の観想浄土、つまり浄土を心の中に思い描くという方法が法然によって完全に否定されました。また他のいっさいの修行が不要とされ、称名念仏による極楽浄土への往生という、まったく新しい浄土教が提唱されたのです。

すべての人々に等しく慈悲を与えられるのが阿弥陀仏であるならば、だれにでもできる称名念仏こそ、正しい仏法ではないか――この法然の立場は、明らかに、だれにも仏性が宿っているからだれでも往生できるという、日本仏教の伝統に立ったものと言えるでしょう。

道元や日蓮も別の観点から、この日本仏教の伝統に立った教えを展開しました。私なりの理解のままを簡単に述べてみたいと思います。

道元は「只管打坐《しかんたざ》」、ただひたすら座禅することを第一とし、箸の上げ下ろしから歯の磨き方にいたるまでの日常生活の所作・立ち居振る舞い全般について、綿密な作法にのっとって行なう威儀こそが仏法であるという道を示しました。これによって、我執《がしゅう》を取り去り、身心脱落の状態、つまり一切のしがらみから脱した境地、何の執着もない自由無碍の精神状態へいたることができると説いたのです。

日蓮は、この世が定まらないのは正しい仏法が行なわれていないからであり、至上最高の仏法の教えである『法華経』によって正しい道理をあらわし、誤った邪説や邪道などへのとらわれをうち破っていくことを唱えました。そうして国家社会のありかたを批判し、社会正義の実現に向けて献身する実践活動のなかで、すべての罪業が消滅されると説きました。また、正しい教えを広める者には必ず迫害・弾圧があり、そうした受難をこうむることがそのまま法華経の真実の行者である証しであると主張しました。仏の使いとして、この世の迷える人々の救済にあたるとされる菩薩、この菩薩の行を自らのものとせよ、ということであるでしょう。

究極のところで、法然はただ念仏を称え続けよと、道元はただ座り続けよと、日蓮はただ菩薩のように生きよと説いた、と理解できるでしょう。念仏行、座禅行、菩薩行とそれぞれ形態は大きく異なりますが、いずれも小我を去って大我にいたる道として指し示されています。迷いは個人的な主観や執着にとらわれた小我とともにあり、この小我を離れた自由自在の悟りの境地が大我でしょう。

身分、貧富、男女の違いなどにかかわらず、また特別の人間にしかなし得ない難行・苦行を経ることなく、だれもが等しく悟ることができる、救われるという方向性が、彼らによってはじめて示されたのです。

なかで、最も容易な行といえるのが念仏行でしょう。法然は、念仏さえ称えればだれでも浄土に救われると説きました。浄土に居られる阿弥陀仏の救済力に身をゆだね、一心に「南無阿弥陀仏」の称名を称えること、これならばだれにでも容易に行なうことができます。法然以後、浄土教がまたたくまのうちに多数の人々の心をとらえていったのも、この点が最も大きかったのではないでしょうか。

法然の説く浄土教の救済観は、キリスト教の神による救済観と驚くほどよく似ています。浄土を天国とし、阿弥陀仏を唯一の神とし、念仏を神への祈りとすれば、そこにはほとんど違いがありません。外側の目で見た限りでは、そう感じられます。

親鸞の浄土への思いの向け方

親鸞は法然の浄土教を受け継ぎ、自ら法然の忠実な弟子と任じましたが、法然の思想をさらに徹底させたと言われます。

その一つは、自らの努力によって救われるのではなく、人為を超えた大きな力としての他力によって救われるのだという、他力本願の考えでしょう。法然では、末法の時代だから自力の修行は難しい、だから他力を頼むのだという言い方になっています。それに対して親鸞では、自力が難しいから他力を頼むということではなく、自分のほうから「こうして救われよう」との思惑（計らい）を持つことそのものが間違っている、わずかでも自分のほうからの思惑が入れば、それはすでに阿弥陀仏の救済力を信じないことになる、だから何をおいても他力による救済しかないのだ、という言い方になってきます。

このような親鸞の絶対他力の立場は、法然よりもいっそうキリスト教の救済観に近いと思えます。この絶対他力の考えは善悪の問題についても徹底され、「どんな悪人でも救われる」という主張になります。そこで、「善人すら往生できるのならば、悪人ならばなおさらのこと往生できるというものだ」（『歎異抄』）という、有名な言葉が残されることにもなりました。キリスト教の聖書にある「心の貧しい者は幸いである。天国は彼らのものである」との言葉と重なるものと言えるでしょう。

親鸞は独自の浄土論を展開したと言われますが、親鸞の著書『教行信証《きょうぎょうしんしょう》』の冒頭で示されている観点を興味深く感じます。そこでは、廻向《えこう》には往相《おうそう》と還相《げんそう》の二種類がある、と述べられています。

廻向というのは、「他に向いていた心を浄土の教えに向ける」ということでしょう。また言葉の意味からすれば、往相とは「往き道のすがた」、還相とは「還り道のすがた」ということになるでしょう。

法然の浄土論では、どんな者でも極楽浄土へ往生することができる、というものであり、それはここで親鸞がいっている往相に相当しています。親鸞もまた往相廻向に真実の教え（教行信証）があると言っているのですが、もう一つの廻向として還相廻向があると言うのです。還相廻向の考えはもちろん浄土教にあるものですが、親鸞によってはじめて、はっきりと「還相廻向を繰り込んだ二種廻向」という観点からの浄土論が展開されたのだと言われます。

それでは還相廻向とはどういうことなのでしょうか。これについてはさまざまな議論があるようですし、難しい教学的な問題もあって、私などがとうてい口を挟める問題ではありません。そこで思うままに言うのですが、極楽浄土に往生するには往き道だけではなく還り道がある、ということに違いありません。つまり、自分一人が極楽浄土へ往生して仏となればよいというものではなく、その仏としての悟りをたずさえて再び現世に還り、その悟りの智慧をもって凡夫と共に生きること、自らも凡夫として生きること、それをしてみんな一緒に救われていこうとするのが還相廻向だと、そういうことではないかと思います。

日本仏教は一貫して日本人の自然観・死生観を吸収してきた

日本人の自然信仰に基づいた死生観では、すべての自然物には人間と同じように魂が宿っており、その魂があの世とこの世の間を行ったり来たりする循環が生死だと考えられました。そこへ、そうした循環を断ち切って仏となり、永遠の生命を獲得できるという仏教の考え方が入ってきました。私はそう思います。

奈良仏教では、仏になれる者となれない者がいるという立場が強かったのですが、平安時代の空海・最澄にはじまる日本仏教は、はっきりと、すべての人々が仏になれるという立場をとりました。さらに天台本覚論で、すべての人々に仏性が宿っており、だれでも仏になることができるという考えが鮮明に打ち出されました。

鎌倉新仏教の始祖たちは、みなそうした日本仏教の伝統から出発して、仏教をすべての人々に開かれた宗教としました。そこに共通するのが、山を降りて平地（日常性）へ降り立つ思想と行動でした。

最も古くからの生死の循環思想は、海の彼方や山の彼方にイメージされるあの世から、季節ごとにこの世に恵みをもたらせにやって来ては帰っていく神の信仰を生み出しました。また、山の神が春には山から降りて田の神となり、秋には再び山へ帰って行くという農耕神の信仰を生み出しました。

鎌倉新仏教の始祖たちは、日本人が持ち続けたそうした循環思想・あの世観を原型として、平地から山へ入り、山を降りて平地へ降り立つという、新たな循環の思想と行動を展開していったのではなかったでしょうか。

日本仏教は一貫して、日本人の自然観・死生観を破壊するのではなく吸収してきました。死生観の吸収は、単に考え方だけの問題ではなく、実際的な宗教活動の面においてもさまざまな形で行なわれました。

浄土教の流れでは、法然・親鸞とは別に、一遍が開いた時宗《じしゅう》の影響下に、各地を移動して布教する遊行漂泊の宗教者として生きた者たちがありました。彼らは阿弥陀聖とも言われる集団を形成し、鉦《かね》を叩いたり鉢を叩いたりしながら念仏の唱導や舞踏を行ない、いっさいの所有物を持たずに行乞に生きました。彼らは村々で死者の埋葬や霊魂の供養をも行ないました。

また、各山門に属して呉服聖、商聖として、宣教を兼ねた行商人として諸国を巡った者たちもいました。さらには各種手工業に手を染めながら、また芸能を行ないながら、村落を巡り生活を展開する呪術的な宗教者たちもいました。

やがて彼らの中から、村落のはずれに土着し、近在の村々にその技術・技芸・呪術的な宗教をもってかかわる人たちが出てくるようになりました。彼らは俗聖《ぞくひじり》とか毛坊主《けぼうず》とか呼ばれました。彼らは、村に祝い事があれば寿詞《よごと》を与え、凶事があれば念仏を称え、また病人があれば清めの呪術を行ない、死者があれば死体の埋葬を行ない、頼まれれば先祖の供養を行ないました。そのように彼らは、「あの世とこの世を行ったり来たりする魂」の供養を専門に取り扱う在家の宗教者として生きたのです。

こうした民間の宗教者たちの活動は、しだいに仏教の活動へと吸収されていきました。もちろん、呪術的な要素は取り払われ、仏教の教えにしたがった供養が行なわれるようになっていったのです。日本の仏教が葬儀と深いかかわりをもつことになったのは、一つにはそのような経緯からだったと言われます。

日本の仏教は、伝統的な日本人の死生観を、また伝統的な魂の供養・先祖の供養を否定・破壊することによってではなく、吸収することによって、独自のものとして土着していきました。自然信仰に基づく死生観や霊魂観を採り入れたというのではありません。仏教思想の内側に包み込んでいったのです。そうやって、世界宗教としての仏教を日本的な土壌の上で展開したのです。

第6章
聖なる母性への信仰が息づく日本

常世国から打ち寄せ来る浪

古代の日本人は、常世国《とこよのくに》への強い憧れをもっていました。常世国とは海の彼方に思われた別世界で、この世に豊かないのちの稔《みの》りをもたらしてくれる永遠の世と信じられました。また常世国は、種族の原郷――妣《はは》の国（氏族の始祖としての母の住まう国）の別名でもありました。

古代人たちは、海岸に寄せては返す浪を常世国から打ち寄せ来る浪とイメージし、磯辺や浜辺で海水を身体にそそぎかければ新たな生命を得て再生が果たされると信じたのです。この海水で禊《みそ》ぎをする習俗は、日本各地のさまざまな祭事や神事のなかで今なお行なわれています。

太陽女神アマテラスは、みずからの鎮座地を求めて各地をさまよい続けてきたヤマトヒメが伊勢の国に至ったとき、ヤマトヒメに「この神風の吹く伊勢の国は、常世の浪が重ねて寄せ来る国であり、大和の傍らにある美しい国です。私はこの国に住まいたいと思います」と告げられました。ヤマトヒメはその言葉のままにアマテラスを祀る祠《ほこら》を伊勢の国に設けられ、その祭祀のために斎王がとどまる斎宮を五十鈴川のほとりに建てられたと伝えられます（『日本書紀』垂仁紀）。

私は『女帝論』（ＰＨＰ研究所）で、この常世国から打ち寄せ来る浪への信仰は、沿岸地帯の母系優位の集落では次のような受胎観とともにあったのではないかと考えました。

・祖霊の住まう海の彼方の常世国から、いのちの種（祖霊の魂分け）が海を漂い流れてきて、女はそれを海に入って身体で受けとめて妊娠する。

・女は水平線に昇って海原を走る太陽光線を受けて妊娠する。

日本各地の処女懐胎《かいたい》の事績を伝える女神信仰、聖母信仰など、母性にかかわる信仰はみなこうした受胎観と分かちがたく結びついています。キリスト教ではマリアさまが神の子を処女懐胎したとされますが、より古くは世界各地に日本と同じような女神信仰や聖母信仰があったのではないかと思います。

このように考えるに至った出発点は、日本ではなぜ海辺や川辺での沐浴《もくよく》・禊ぎが重要視されてきたのか、なぜ世界的には一般に男神である太陽神が日本では女神なのか、なぜ日本には処女懐胎の伝承・神話が多々みられるのか……という疑問にありました。これらの疑問を一挙に解くにはどうしても、海辺における母系制社会の信仰と、原始以来の太陽神信仰との融合を考えてみるしかないと思われました。

海水で禊ぎをすることで生命が活性化されるとか、新たな生命が再生するとか、そのように海水に生命力を思う考え、海の彼方の水平線から昇る太陽を新たな世の再生として拝む信仰、男が女を妊娠させるのではなく、祖霊が身体に入って女は妊娠するのだという母系制社会の考え、これらをどうしたら一つに結びつけることができるのか——。

そこでさまざまな伝承や神話を読み込んでいきますと、もっとも古くは「祖霊の住まう海の彼方の常世国から、いのちの種（祖霊の魂分け）が海を漂い流れてきて、女はそれを海に入って身体で受けとめて妊娠する」という受胎観があり、そこに女神信仰、聖母信仰の原点があると考えられました。そしてその信仰が、原始以来のあらゆる自然生命の元としての太陽神信仰と重なり、「女は水平線に昇って海原を走る太陽光線を受けて妊娠する」という信仰にもなったと考えたのです。

私が日本各地に訪ねた女神をめぐる伝承は、そのことごとくがこの二つの想定に合致すると思われました。古代日本では、常世国が氏族の始祖としての母の住まう国＝妣《はは》の国とイメージされ、太陽神がいのちの元を司る母なる女神として思われていて、常世国と太陽神が同一化した信仰が形づくられていたのです。

水辺の「子生み」が意味するもの

『古事記』『日本書紀』に記された始祖伝承の一つ、男神イザナギが水辺で禊ぎを行なったという神話では、アマテラスをはじめ多くの神々が生み出されています。この水辺は海辺とも川辺とも考えられますが、男神が海水や川水で身体を洗うことによってなぜ子どもが生まれているのか。まずはこうした素朴な問いを発してみることが必要です。

この神話の最初に国土を生み無数の自然神を生んだのは、イザナギと夫婦になり交合した女神イザナミです。最後に生んだ火の神に焼かれて死の国＝黄泉国へ去ったイザナミを訪ねたイザナギが、黄泉国から帰還するや、水辺での禊ぎによって子生みをするのです。イザナギは禊ぎを行なうにあたって、身に着けたものを次々と水辺に脱ぎ捨てるとそれらの物から十二柱の神々が生まれ、次に中瀬に渡って水につかり身体を洗うと十柱の神々が生まれ、最後に顔を洗うと、左目からアマテラス、右目からツクヨミ、鼻からスサノオの三貴子が生まれたとなっています。

禊ぎは通常、穢《けが》れを祓い清めて生命を更新する意義で行なわれるものですが、ここではそれがそのまま子生みをもたらしたと語られています。つまり、海水あるいは川水は生命を誕生させる力を秘めた水なのであり、イザナギはその水を身体に浴びることで、水に含まれた生命の種（魂）を受肉（受胎）したとみなすことができます。

したがってそこには、受胎・出産を男女の性関係の結果とみなすこととは別に、海水や川水が運ぶ生命の種を受肉した結果とみなす信仰があったと想定できるように思います。そこで、この男神の子生みの伝承は、男女の性行為によって女性から子どもが生まれることを二次的な問題とし、生命の種である魂の内在化（受肉）を生命発現の一次的な要件とする信仰が生み出したものに違いないのです。

神話では、このときに生まれたアマテラスとスサノオは、後に天安河原《あまのやすかわら》という川辺で子生みを行なっています。ここにも同じ信仰のあり方を考えてみることができます。

アマテラスはスサノオが身に着けた剣をとって三つにたち割り、神聖な水（天真名井《アマノマナイ》）でそそいで歯でかみ砕き、プーッと吹き出します。するとその息吹の霧の中から三女神が次々と生まれます。次にスサノオはアマテラスが身に着けた珠から五つをとり、同じように神聖な水（天真名井）でそそいでひとつひとつを歯でかみ砕き、プーッと吹き出します。するとそれぞれの息吹の霧の中から次々に五男神が生まれます。

ここでは天真名井が生命の種（魂）を秘めた水であり、剣と珠はイザナギの例で言えば「身に着けたもの」に相当し、口に含んでかみ砕くことを受肉とみなせば、一応の理解が成り立つかもしれません。ただ、ここでは剣が三つに、珠が五つに分割されているところに注意すべきでしょう。この剣と珠を生命の源と考えればまた別の理解ができると思われるからです。

この神秘的な呪術では、生命の源（剣と珠）から分割された個別の魂を水に混入させ、それを口に含んで息とともに吐き出すことによって子生みを行なったという理解が成り立ちます。そこに想定できるのは、個人個人に宿っている魂は、もともとは氏族の集合霊としてひとつの塊をなしている霊魂（祖霊）から分離・分割されたものという、魂分けの信仰です。

以上から言える水と生命の関係はこうです。

まず他界に生命の源（氏族の集合霊）があり、そこから一個一個の魂が分離・分割して水に混入する、そして人間がそのいのちの水を身に浴びる（承ける）ことによって受胎が達成され子どもが生まれる――。

なぜ水なのかというところに、海の彼方に常世国を思い、その常世国からあらゆる生命的な活気がもたらされると信仰した、島嶼《とうしょ》群＝日本列島という地勢に生きた人びとの他界観を思うべきなのです。おそらく、これらの神話に語られた神秘的な呪術を信じることのできた時代の人びとは、常世国の生命の源から分離した生命の種が海水に乗ってやって来て、海岸近くに漂っているという信仰をもっていたのです。それが川水ともなるのは、沿岸地域での海の彼方に他界を思う信仰が、内陸地域での山中に他界を思う信仰と習合していったためと思われます。

川上から流れて来た桃の中から赤ん坊が生まれたという桃太郎説話、お碗の船に乗って京の都に流れついたという一寸法師の物語、また全国各地にある貴種流離譚《きしゅりゅうりたん》や小さ子の伝承なども、もとはひとつの信仰から出たものだと思います。その最も古い形が、常世国から寄せ来る浪に乗り生命の種が海岸へ流れ寄ってくる、女はその種を身に受けて妊娠するという、母性優位の社会ならではの処女懐胎信仰、聖母信仰だったと想像します。そうした信仰がかつてあったことをうかがわせる伝承は現在でも日本各地に残っています。

母系制社会と父系制社会の出会い

母系制社会のもとでの海洋へ向かって開かれた生活は、右に述べたような受胎観・出産観を養ったように思えます。ただ学問的には、日本に純粋な母系制社会があったというだけの実証性は乏しいとされます。それでも、日本の古代に母系相続を軸とする家族の信仰習俗が、かなりな広がりをもっていたことは間違いないでしょう。

純粋な母系制家族は現在ほとんど見ることができませんが、人類学の調査から、中国雲南省の永寧にモソ族という母系制氏族集団（血縁集団）のあることが知られています。

なりました。最近では「女天下の地」などと言われてツアーも組まれ、一般にも広く知られるように

モソ族には私たちの社会のような婚姻制度はなく、父という言葉も夫という言葉も存在しません。家族は長女を家長とするその兄弟姉妹と、姉妹の生んだ子どもたちで構成されています。相続は長女から長女を主とする女子へ行なわれ、男子は相続の対象になりません。

一定の年齢以上の女のもとには、それぞれ歩いて三十分から三時間ほどの距離にある別の氏族から、複数の男たちが通ってきます。もちろん男が女に振られることはいくらでもあり、そうなれば男はもうその女のもとへ通うことはできません。一夫多妻とも一妻多夫とも言えません。文明的な表現に無理にあてはめれば、それは多重恋愛関係とでも言うべきでしょうか。

男はお目当ての女のもとに月に一度か二度程度通ってきて何日か滞在し、女と寝床を共にします。女の家族はその男を大切にもてなし、男はある日の早朝「さようなら」も言わずにひとり自分の氏族の家へ帰って行くのです。

女の生んだ子は女の家族の子として育てられます。父親の役割は伯父や叔父（母の兄弟）が果たすのです。この伯父や叔父も外部の氏族の女のもとに通っていて、たいていは何人かの子どもを生ませています。「受精」は女が男と関係する以前にすでに（祖霊との間で）なされていて、通ってくる男とは無関係と考えられています。

強いて言えば、男は妊娠に補助的な役割をすると考えられているにすぎず、その男がだれかわからないことは珍しくないのです。したがって「だれが父か」にはまったく関心がないそうなのです。

日本でも、古代の『万葉集』に歌われている「恋の歌」の様子からすると、当時の夫婦の多くが同居しない通い婚夫婦だったことがわかります。『源氏物語』にも、平安時代半ば頃の通い婚的な男女関係が描かれていますが、これは母系制から父系制へ移行していく中間的な形態とみられています。さらに古い母系制家族の婚姻習俗については、『古事記』や『日本書紀』のさまざまな記述から推測することができます。

詩人で民族学者の高群逸枝《たかむれいつえ》氏は歴史文献を通して、母系制社会から父系制社会への移行を婚姻史の流れとして位置づけています。それは、太古からの母系的な婿入婚の形がしだいに崩れ、やがては婿が嫁方に通う形となり、鎌倉時代に入ると一定期間婿が嫁方に居住し、後に婿方に嫁が移り住む形ができ、しだいに嫁入婚へと移っていくというものです（高群逸枝「招婿婚の研究」『高群逸枝全集』一〜三巻／理論社）。

一方、民俗学者の柳田國男氏は、採集された民俗資料を通して、高群とはまったく別個に、高群が取り上げたさまざまな婚姻形態のほとんどすべてが、日本各地の婚姻習俗に見られることを論じています。高群と柳田が示した婚姻形態を整理してみると次のようになります。

1　純嫁方居住・婿入婚（婿は嫁方に居住）

2　中間形態

A　婿がある期間嫁方に居住し、後に婿方にもどる（子どもは嫁方居住）。

B　別居して婿が嫁方に通う（子どもは嫁方居住）。

C　嫁方で結婚式を挙げ、婿はある期間嫁方に通い、後に妻子ともに婿方に同居。

D　婿方で結婚式を挙げ、嫁は一時的に里に帰り、婿はその期間嫁方に通い、後に婿方に同居（俗にいう足入れ婚）。

E　嫁方で結婚式を挙げ、ついで婿方で挙げ、後に婿方に同居。

F　結婚式は挙げず、婿方で仮祝言を挙げ婿方に同居。

3　純婿方居住・嫁入婚（結婚式を婿方で挙げそのまま婿方に同居）

こうした日本における婚姻形態の流れが、母系制社会から父系制社会への純粋な歴史的推移として起きたことなのか、それとも母系制集団が父系制集団と接触した結果起きたことなのかは即断できません。同様に、日本では母系制社会の前に、あるいは同時に、父系制社会があったものなのか、それとも母系制社会があるところに父系制社会の男系による相続形態が大陸から伝わってきたものなのか、いずれについても確定的なことは言えません。

ただ、歴史的な天皇制度では、父系と母系のシステムが混合状態になっているのは確かなことと思えます。歴史的な天皇制度について私が推測するのは、父系的な兄弟による統治形態をもつ一族（天皇家など）と、母系的な兄弟姉妹による統治形態をもつ一族

（大和土着の三輪一族など）が出会って婚姻関係を結び、やがては父系一族の総領一人の中に地域の権威が集まっていった、ということです。具体的には、初期天皇家がそうであったように、外来の父系一族が土地の母系一族に婿入りする形が考えられます。

皇太子殿下御成婚の際にも行なわれた、天皇家の婚姻儀式のなかに見られる「履き物を隠す儀式」や「三日の餅を食べる儀式」は、「もうこれであなたはこの家の婿になったのですよ」という意義をもつ、母系制的な婿入婚（招婿婚）に特有の儀式です。この婚姻儀式が意味する婚姻形態は、先に述べた「中間形態」のうちのＡ～Ｃの範囲に相当しています。

近代に入っても日本の民間に見られた「中間形態」の婚姻のあり方には、夫婦が終生嫁方に同居するもの、一時的に同居して以後別居するもの、終生同居せずに婿が嫁方に通うもの、一時的に婿が嫁方に通って後に婿方に同居するものなど、さまざまあったことが知られています。

民俗学の研究から、一時的な同居の例には、東北地方の年季婿という制度があったことが知られます。終生婿が嫁方に通う形態の例としては、岐阜県白川村にみられた長男以外の男子がそうでした。また、一時的に婿が嫁方に通って後に婿方に同居する例は、伊豆諸島、三重県志摩地域、瀬戸内海沿岸、九州五島列島、南西諸島などの各地に見られたと言います。

子どもが嫁方居住をつづける限りでは、父から息子へという父系相続の形が生まれないことは明らかです。ということは、Cの形態をとることによって歴史的な天皇制度は、はじめてその成立の根拠をもったと言うことができるでしょう。

そこでは、天皇は嫁方つまりキサキ（后）の家の婿であり、それによってキサキの兄弟は天皇の子どもの伯父や叔父として大きな政治力をもつことになります。そしてキサキの家でも父系制優位が進んでいくと、キサキの父が兄弟に代わって大きな政治力をもつようになり、天皇家の外戚として政権に重要な位置を占めていくようになっていきました。はっきりとした歴史的な記録として示された天皇制度は、この段階以降のものと言ってよいのではないでしょうか。

ヒメ・ヒコ制と兄弟姉妹のきずな

母系的な兄弟姉妹による統治形態あるいは信仰形態を、民俗学の方面ではヒメ・ヒコ（姫彦）制と呼んでいます。母系的な氏族社会では同母の兄弟と姉妹は深いきずなで結ばれていて、姉妹は兄弟を守護する霊力をもつと信じられていました。沖縄には今なお、兄弟が姉妹を自らのオナリ神（守護神）とみなして尊重する習俗が残っています。

琉球王権の下では、兄弟姉妹が政治権力と宗教権威を分掌する統治システムが、王朝から民間に至るまで一貫してとられていました。日本本土でも、邪馬台国のように女王卑弥呼とその男弟による共治体制がとられた時代がありました。また京都の上賀茂神社（賀茂別雷神社）の伝承に見られるように、女性祭司とその兄弟の神官による地域的な祭祀システムがありました。また各地の『風土記』には、女性首長がしばしば登場していて、兄弟が女性首長に従っていた様子が散見されます。

『古事記』には、父系制下の夫婦関係のきずなと母系制下の兄弟姉妹関係のきずなの間での「男女の葛藤」を物語る伝承がいくつか記録されています。母系優位から父系優位へと移行していく過渡期に起きた、氏族意識の葛藤を意味するものと思われます。垂仁《すいにん》天皇の条にみえるサホヒコの反乱の挿話がその典型的なものと言えるでしょう。この挿話はかいつまんで言うと次のような筋書きのものです。

〈天皇はサホヒメをキサキとしていたが、ある時サホヒメの兄サホヒコが「夫の天皇と兄の私とどちらが大切か」とサホヒメにつめよると、サホヒメは「兄であるあなたのほうが大切です」と答えた。そこでサホヒコは「お前と私とで天下を治めよう」と言い、小刀をサホヒメに渡して「天皇が寝ている間にこの小刀で刺し殺せ」と言った。

しかしサホヒメはどうしても刺し殺すことが出来ずに事のあらましを天皇に話してしまった。天皇はすぐさまサホヒコを討つための軍勢を出したが、サホヒコは城塞にたてこもり、サホヒメは宮廷の裏門から出てサホヒコの城塞に逃げ込んだ。

その時サホヒメは天皇の子をみごもっており、いよいよ城塞が焼き討ちにあおうという時に出産し、その子を城塞の外に出して天皇に、「この子があなたの子と思われるならお育て下さい」と頼んだ。天皇は「兄は憎いがキサキを憎むことはできない」と言い、なんとか母子ともども連れて来るように配下に命じたが、キサキを連れ出すことはできなかった――。〉

これと同じ質の葛藤は、允恭《いんぎょう》天皇の時代、皇位継承者である木梨軽皇子《きなしのかるのみこ》が同母妹の軽大郎女《かるのおおいらつめ》を愛したために王権から排斥され、二人が心中して果てたとする伝承などからもうかがうことができます。そのほか、天武天皇の死後、身の危険を感じた大津皇子が伊勢に斎宮としてあった姉・大来皇女に秘かに会いに行ったということ、また大来皇女が大津皇子の死に際して、悲痛な響きをたたえた歌を『万葉集』に残していることなどからも察することができます。

いずれの場合からも、すでに父系血縁の継承を軸とする婚姻制度が行なわれていながら、母系血縁の兄弟姉妹間の親和な関係意識が、なお強固なものとしてあり続けていたことが知られます。

こうしたヒメ・ヒコ制の伝統を背景に、民俗学者の西田長男《にしだながお》氏は日本の家の原型的な姿について次のように述べています。

「日本の『家』は、その家の先祖の女が、処女懐胎をして神の子を産み、その母子神を一番最初の先祖の神としておまつりしたところに成立したと思います。……その家の兄や弟は、その子どもと、その子どもを産んだ女、すなわち聖母をだいじに守って自分の家を形成していくという、そういう思想が日本の家、――あるいは氏族といってもよいが――の原型だと思うんです」（西田長男・三橋健共著『神々の原影』平河出版）

母系制社会でなくては生まれ得ない家の思想だと思います。男女の性関係によるのではなく、祖霊や神によって妊娠するという母系制社会の出産観が、後に処女懐胎の信仰伝承となっていったものと考えられます。

日本には、いまなお母系優位の価値観が息づいている

日本列島には、一定の地域に勢力を拡大していこうと考えた父系氏族が、複数の母系氏族の共存する地域に入り、その土地の複数の母系氏族と多重な婚姻関係を結んでいくことによって、地域的な権力を形成していった歴史があったと思われます。その土地に土着した父系氏族の男が、次々に複数の母系氏族の女と多重な婚姻関係を結んでいけば、つまり多氏族の家々の入り婿となっていけば、その父系氏族は複数の母系氏族が共存する地域を横断する有力者となることができたからです。

経済的には複数の母系氏族から婿として受け取る物質的な贈与によって、宗教的には複数の母系氏族の霊的な威力（土地の女首長が体現する産出力＝女の霊力）を集中的に受けることによって、その父系氏族の男は何代にもわたって相続を重ねていくことで、大いなる財力と大いなる霊的な威力をともに保持する、地域の特別な権威者として形成されていきます。

そうした権威が揺るぎないものとなり、さらに地域的な拡大を遂げていくなかで、人々はその父系氏族を悠久の昔から神々の子孫として国土を治めてきた一族とみなすようになっていったのではなかったでしょうか。かつての複数の贈与を貢納（租税）という共同の法として組織し、かつての複数の霊的な威力の集中を共同の宗教権威として確立させ、併せて政治的・宗教的な統治システムとしていく方向から、やがては天皇制度をとる古代国家が出現していったものと想像されます。

私はそのように、歴史的な天皇制度の形成は母系制氏族への入り婿にはじまったと推測するのですが、なぜ日本列島ではそうした方法がとられたのでしょうか。それは何も日本に限ったことではなく、太古の昔にはアジア地域ではどこでもとられた方式ではなかったかとみなすこともできます。

そうした見方が成り立ちますが、そこで重要なことは、民族的な文化の統一性がいつ頃形成されたのかという問題です。日本ではすでに一万数千年前にはじまる縄文時代において、日本列島のほぼ全域にわたって同質の文化が形成されていました。それに対して、大陸に漢民族の統一文化が形成されたのは紀元前後のことです。

それぞれの民族の基本的な資質は、民族的な文化の統一性が形成された時点で形づくられ、以後の民族文化はそれを基盤にさまざまな展開をみせるようになっていったと理解されます。日本文化の統一性は、南太平洋諸島的な自然信仰をもつ母系制社会を軸に縄文時代になされました。それに対して大陸文化の統一性は、儒教的な父系制社会成立以降になされました。そのため日本列島では、大陸から儒教的な父系制の制度や習俗が入ってきても、民族の基本的な資質としての母系的な制度や習俗が消し去られることはなかったのです。その基本的な資質が「女の霊力」にほかならず、「女の霊力」の本質にあるのは、祖霊や神霊を身体に宿して神の子を生むという「聖なる母性」を崇拝する信仰でした。

天皇制度は、こうした母系制下の信仰を伝統とする社会を基盤に成立しました。そしてこの基盤の強さが日本国の統治形態を、多大な影響を受けながらもアジア大陸的なものとは大きく異なるものとしたのです。

そのため、日本列島では外来の文物は、在来の民族の基本的な資質（この場合は母系的・島嶼的な信仰や習俗）を主体に融合を遂げる形をとっていったのです。それは、近代以降の西洋文明の導入についても同じことが言えるはずです。

世界的な視野で眺めれば、宗教としての天皇制度は、南太平洋諸島的な宗教性とアジア大陸的な宗教を混合させています。また政治制度としての天皇制度は、縄文時代以来の南方的・母系的な統治制度とアジア大陸的・父系的な専制君主制度を混合させています。そして後には仏教的なものも融合させ、近代以降は西洋のキリスト教的な宗教性や民主的な政治性をも融合して天皇制度が成り立ってきました。

戦後の象徴天皇制度は、さらに西洋的な王家と近似する姿を見せてはいますが、依然として民族の基本的な資質を保持しているのは明らかだと思われます。天皇制度が拠り所とする日本の文化・社会には、いまなお母系優位の価値観、女性優位の心理が柔らかに息づいていると思います。

呉　善花（お・そんふぁ）

拓殖大学国際学部教授。1956年、韓国・済州島生まれ。

1983年に来日し、大東文化大学（英語学専攻）の留学生となる。その後、東京外国語大学大学院修士課程修了。1998年、日本に帰化する。著書に『攘夷の韓国 開国の日本』（文藝春秋、第五回山本七平賞受賞）、『スカートの風（正・続・新）』（三交社、角川文庫）、『韓国併合への道』『侮日論』（文春新書）、『なぜ「反日韓国に未来はない」のか』（小学館新書）、『私は、いかにして「日本信徒」となったか』『「見かけ」がすべての韓流』『虚言と虚飾の国・韓国』『もう、この国は捨て置け！ 韓国の狂気と異質さ』（ワック）など多数。

日本人はなぜ「小さないのち」に感動するのか

2014年3月24日　初版発行

著　者　呉　善花

発行者　鈴木　隆一

発行所　ワック株式会社
東京都千代田区五番町4-5　五番町コスモビル　〒102-0076
電話　03-5226-7622
http://web-wac.co.jp/

印刷製本　図書印刷株式会社

ISBN978-4-89831-695-5